JN132011

会話と文法を楽しく学ぶ

チャレンジ！中国語

入門編

はじめの一歩

胡興智

我行故我在　～まえがきに代えて～

　私は、この本を手にした皆さんと同じように「わかる」「できる」「つながる」ことを夢見ながら、外国語である日本語を学び始めました。

　学んでいくと、雑誌の記事、小説、映画、専門書など「わかる」ことが増えました。聞き取ったり話したり「できる」ようになると、コミュニケーションもとれるようになりました。やがて天津の片隅にいた私は、日本語を通して多くの方と「つながる」ことができ、新しい世界に出会うことができ、現在に至ります。

　日本語を学んできた私ですが、縁あって三十年余り、高校や専門学校、大学等で中国語を教えてまいりました。日本の皆さんにまず申し上げたいのは、皆さんは漢字を既に理解していますから、学ぶ前から、中国語の語彙の多くを知っているのです。外国語が苦手な人も安心してください。中国語なら「できる」自分に出会えます。

　勉強が苦手だという方も心配無用です。語学はスポーツのようなもの。練習あるのみです。野球で言えば、素振りをまったくせずに試合には出られませんが、練習さえすれば、ボールをキャッチしたり、打ち返すことは難しくありません。

　新入部員として、部活動を始めるつもりで、この本を手に取ってください。多彩な練習メニューを用意しております。自分の言葉として使えるように「ロールプレイ」をしたり、各課の「ふりかえり」で定着をはかったり、自分の足跡が確認できるチェックリストなども工夫しました。

　語学はまた、子供のような心で遊び戯れることのできる「おもちゃ」でもあると思います。手放さず、そばに置いて身近なものにし、わずかな暇があれば繰り返し遊んでみましょう。

　まえがきの代わりに「我行故我在」という題を付けました。「行」は、「行う」「行動する」の意味のほかに、「行ける」「OK」という意味があり、「自信を持って行動する我、ここにあり」という意味になります。何事もできると確信して動き出すことが大切です。始める前に、まず、私は中国語を使いこなせると強く確信しましょう。

　この本を執筆するにあたって、多くの学生の皆さん、同僚の中国語の先生方から、貴重なご意見をいただきました。心より感謝申し上げます。

　また編集者の由利さんからは、学習者と編集者の視点から、多くの的確なご指摘をいただくことができ、おかげさまで執筆を終えることができました。ご多忙のところ、録音を快諾してくださった陳淑梅先生、沙耶さんはじめ、多くのスタッフの皆さんのご協力とご努力がなくては、この本は完成しませんでした。心から深くお礼を申し上げます。

　自分の名前、胡興智（コ・コーチ）の如く、私は小さなコーチにすぎないのですが、皆さんが試合で素晴らしい力を発揮できるよう祈りながら、トレーニングのお手伝いをさせていただければと思います。この本でトレーニングを重ね成長を成し遂げた皆さんの姿を想像しながら、私もまた新たなチャレンジをして参ります。

　祝　更上一層楼！　さらなる高みへ、共に進んでいきましょう！

2021年初夏　　　　　　　　　　　　　　　　　小コーチ（胡　興智）

もくじ

◇　◇　◇

● 中国語と中国語の発音について　　10

● 発音しよう！　　13

◆ ピンイン表記のルール　　　…………………………………………… 30

◇　◇　◇

● 第1課　わたしの名前は○○です。　　32

本書の使い方

　本書は、中国語をまったくはじめて学習するという方を対象に、発音、文法、会話、単語を総合的に学習することを目的とするテキストです。

　まず、中国語について紹介した後、発音を学習します。その後本編に入り、全12課の構成で、会話、単語、文法を学びます。

　本編は、中国から来日して間もない劉力さんと、日本で中国語を学習している鈴木愛子さんが知り合う場面からスタートします。劉力さんと鈴木さんの会話をモデルに、学校の留学生や職場の同僚、ご近所さんなど、みなさんの身近なところにいる中国人と、ちょっと中国語で話してみましょう！

全体の共通事項

 音声ファイル番号

ひとことコメント：
補足説明のほか、ちょっとしたコツなどをご紹介します。

> 中国語のピンイン表記はふつう、単語単位でつなげて表記しますが、本書では音節の区切りに慣れることを目的に、音節ごとにスペースを空けて表示しています。つなげて表記する場合の表記方法については、P.31にまとめていますのでご参照ください。

1. 発音

　声調、母音、子音など、中国語の発音の各要素について、概要を説明したあと、練習します。

　練習では、発音練習のほか、リスニング練習の要素を取り入れました。練習問題の解答は別冊をご覧ください。

　発音の最後に、「ピンイン表記のルール」として、ピンイン表記が変わる場合、および単語や文章のピンイン表記のルールについてまとめました。必ず読んで、本編に進んでください。

2. 第1課～第12課　　各課は次のように進行します。

① 会話と単語

「音から学習」をコンセプトとし、次のように進めます。

- ①ピンインと日本語訳を見ながら会話の音声を聞く
- ②漢字（簡体字）を見ながら会話の音声を聞く
- ③単語を読む
- ④ピンイン、漢字を見ながら、音声を聞いてリピート練習をする

同じ音声ファイルで繰り返し聞いてください。

 劉力さん　　 鈴木愛子さん

④の音声ファイルには日本語訳も入っていますので、日本語訳を聞きながら、中国語の音声をリピートしましょう。

（ワンポイント）として、中国や中国語に関するちょっとした情報をとりあげました。

② 学習のポイント、練習問題

　1課につき3点（一部2点の課もあり）の文法事項を説明します。

　説明に出てくる中国語の例文は音声に収録してあります。音声ファイルは、それぞれのポイントごとに1ファイルです。日本語訳もありますので、日本語訳を参考に見て聞いて例文を覚え、文法事項をマスターしていきましょう。「ひとことコメント」にある中国語の文で、「🎧」マークが付いているものは音声がありますので、よく聞いてください。

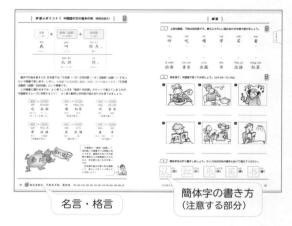

名言・格言

簡体字の書き方
（注意する部分）

　説明の後には、それぞれの練習問題を設けています。新たな単語も多数取り入れていますので、文とともに覚えていきましょう。これらの単語は巻末のリストで一覧にしています。練習問題の解答は、別冊をご覧ください。

　練習問題では、簡体字の書き取り練習も一部取り入れています。赤い丸の部分を特に注意して、簡体字の書き方を学びましょう。

　また、学習のポイントのページ下部に、「名言・格言」を掲載しています。豆知識としてご覧ください。

③ 各課のふりかえり

　各課の最後に、ふりかえりを設定しています。

①ロールプレイ：会話の内容の定着度を測ります。

②練習問題：中国語訳を通して、会話と学習ポイントの内容の定着度を測ります（音声付き）。

③教えて！小老師：文法事項の理解度を測ります。ここに挙げられている事柄について、自分で説明することができれば、きちんと身についている証拠です。

④学習評価表（右記参照）：

　会話を繰り返し聞き、発音することによって、どれくらい聞き取れ、話せるようになったかを自己評価するものです。できるかどうか○×△を付けたり、10点満点で評価しながら、学習を繰り返すごとにどのくらい上達したかを自分の目で確かめましょう。

学 習 評 価 表	"量変到質変" …量の変化から質の変化が起こる学習の成果を自分で確認し、歩みを確実なものにしましょう。		
読む回数	ピンインを見ながら読む	漢字だけを見て読む	日本語を見て中国語で言う
1	3	4	3
2	4	5	5
3	6	7	6
4	7	9	8
5	8	10	
6			
N			

⑤五七五三行日記：

　会話の内容を「五七五」の三句にまとめました。

④ 文法ポイントと会話のまとめ

　3課に1回、学習した文法ポイントと、会話の内容をまとめています。

　文法ポイントについては、3課の中の重要文型をピックアップし、例文を挙げて重点的にまとめました。学習事項の整理に活用してください。

音声の使い方・発音解説動画の視聴方法

　本書の音声は MP3 方式で、付属の CD-ROM に収録しています。全体の合計収録時間は、およそ 130 分間です。

　CD-ROM は MP3 に対応しない一般の音楽プレーヤーでは再生できません。

　MP3 対応の音楽プレーヤーまたはパソコンで再生する、あるいはパソコンから携帯音楽プレーヤーへ取り込んで再生してください。

音声のダウンロード

　当社ホームページの、本書の詳細ページからダウンロードできます。

https://www.ask-books.com/978-4-86639-391-9/

　音声ファイルは zip 形式で圧縮されています。解凍してご利用ください。

　また、本書に記載の文言等に誤りがあった際、このページ上に正誤表を掲載いたします。

正誤表の更新、その他の最新情報は、上記ホームページまたはアスク中国語編集部ツイッター（＠ china_askbooks）にて告知いたしますので、随時ご確認ください。

発音解説動画の視聴

　音声ダウンロードと同じ、上記の本書の詳細ページから、発音解説動画をご視聴いただけます。

　発音解説動画は「YouTube」上で公開されており、どなたでもご視聴いただけます。

■付属 CD-ROM、音声ダウンロードの利用方法等に関するお問い合わせ、
　また、CD-ROM または音声ダウンロードのいずれも利用する手段がないという方は、
　下記へご相談ください。

アスクユーザーサポートセンター

・「アスクホームページ」→「お客様センター」→「読者様向けお問合せ」
　https://sites.google.com/ask-digital.co.jp/customer/inquiry

・メールでのお問合せ：support@ask-digital.co.jp

本書に記載の内容に関するお問合せは、上記アスクユーザーサポートセンター、
または巻末に記載の編集部までご連絡ください。

中国語と中国語の発音について

「中国語」とは？

　中国は50あまりの民族からなる多民族国家です。そのうち、人口の90％以上を占めているのが漢民族です。

　わたしたちが「中国語」と呼んでいる言葉は、中国では一般に "汉语 Hàn yǔ"（漢語）といい、通常は「漢民族の言語」を指します。"中文 Zhōng wén"、"华语 Huá yǔ" ともいいます。

標準語 "普通话"

　"汉语" の中には、北京語、上海語、広東語、福建語など、たくさんの方言があります。広い中国ですから、方言の違いは日本のそれよりもずっと大きく、ほとんど「外国語」といってもいいほどで、中国人同士、漢民族同士でも、方言で話すと往々にして通じません。

　そこで、標準語として "普通话 pǔ tōng huà"（普通話＝広く通用することば）が定められました。本テキストで学ぶ「中国語」は、すなわち "普通话" のことです。

　"普通话" は、北京語（北京方言）の発音と語彙、および現代の模範的な話し言葉（口語文）の文法を基準として定められたものです。日本でいうと、東京の方言をベースに標準語（共通語）が定められたのと似ています。中国の学校では "普通话" による教育が行われており、"普通话" は中国全土に普及しています。

　台湾で使われている中国語も、古い形の漢字（繁体字）を使うほかは、"普通话" と基本的に同じものです。また、"普通话" は国連の公用語のひとつでもあります。つまり、この "普通话" ができれば、中国のみならず、世界各地で中国語でコミュニケーションが可能です。

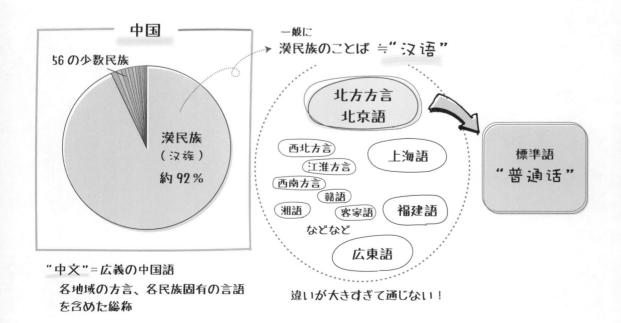

"中文"＝広義の中国語
　各地域の方言、各民族固有の言語
　を含めた総称

違いが大きすぎて通じない！

漢字 "简体字"

　中国語 "普通话" は、簡略化した「簡体字」("简体字 jiǎn tǐ zì") という字体の漢字で表記します。元の字体・日本の漢字と比べてみましょう。

簡略化の方法	元の字体（繁体字）	簡体字	日本の漢字
一部を省略する	氣	气	気
草書体を活字化	書	书	書
俗字や古字を利用	從	从	従
部分的に簡略化	對	对	対

中国語の発音の特徴とピンイン

　中国語 "普通话" の発音は、日本語の発音にないものが多く、難しいと感じられるところもあるでしょう。しかし、日本語の発音に近いものもありますし、英語など他の言語よりも簡単なところもあります。

　まず、中国語の発音の特徴をまとめましょう。

1　一つひとつの音に決まった音＝「声調」がある

　日本語では、たとえば「はし」ということばの場合、「は̇し」か「はし̇」かで「箸」と「橋」「端」を区別しますね。

　中国語も同じように、音の高さを変えて意味を区別します。日本語と違うのは、音の高さが1つの音（1音節）ごとに決まっていることです。これを「声調」("声调 shēng diào" または "四声 sì shēng") といいます。たとえば…

　妈 mā 　「マー」と高く平らに伸ばす→ 　「お母さん」の意味

　麻 má 　「マ˜」とグッと上げる→ 　「しびれる」の意味

　马 mǎ 　「マー」と低くおさえる→ 　「馬」の意味

　骂 mà 　「マ˜」と高いところから下げる→ 　「罵る」の意味

　中国語はよく音楽のようだといわれます。それは、この声調があることによって、文章に独特の抑揚が付くからで、中国語の美しさを象徴する特徴といえるでしょう。慣れるまでちょっと難しいかもしれませんが、この美しさを楽しみながら練習してください。

2　発音は「ピンイン」で表す

　日本語では漢字の読み方を「ふりがな」で示しますが、中国語の漢字のふりがなに当たるものが「ピンイン」("拼音 pīn yīn") です。先ほどから、中国語の横に書いてあるアルファベットがピンインです。

中国語は、「子音・母音＋声調」のセットで1つの音節となり、ピンインは次のように表します。

中国語の音節

妈　mā

声調 (声調符号)

子音　母音

③ 漢字1字に対して1音節

中国語の漢字はすべて1字1音節です。日本語では、たとえば「語」は「ご」、「福」は「ふく」というように、漢字によって文字数（音節数）が異なりますが、中国語では "语 yǔ" "福 fú" と、どれも同じ1音節です。一部に「軽声」という短く読む音もありますが、"普通话" には日本語のように長音（「あー」と伸ばす音）や、促音（「っ」の音）はなく、1音節のリズムに乗って安定して読むことができます。

④ 大部分の漢字は読み方が1つ

日本語の漢字には音読みと訓読みがあり、さらにそれが何通りにも読めるものが多いですね。中国語の大部分の漢字には1つの読み方しかありません。たとえば日本語ではいくつもの読み方がある「生」（セイ、ショウ、いきる、うむ、なま、き etc）という字も、中国語では「shēng」としか読みません。

ただ、中国語にも複数の読み方がある漢字が若干あり、これらを「多音字」と呼んでいます。たとえば "音乐"「音楽」の "乐"「楽（ガク）」は「yuè」、"快乐"「快楽」の "乐"「楽（ラク）」は「lè」と読みます。

⑤ 文になってもほとんど変化しない

英語などでは、文になると前後の音がつながって、発音がかなり変わることがありますが、中国語ではこのような変化はほとんどありません。

また、発音ではなく文法上のことですが、人称や時制などによる語形変化もないので、1つの単語の漢字と読み方、意味を一度覚えれば、そのまま応用できるのが、中国語の大きな特徴です。

複雑なように見える中国語ですが、じつはこのように非常にシンプルです。
ゆっくり学習していきましょう！

発音しよう！

アスク出版ホームページの
本書の詳細ページから解説 ▶
動画をご視聴いただけます。

‖ I 声調 ‖

発音の特徴の最初に挙げましたが、一つひとつの音に決まった高さ＝「声調（せいちょう）」があることが、中国語の最大の特徴です。「声調」は４種類あることから「四声（しせい）」ともいい、母音のアルファベットの上に下記のような４種類の符号（声調符号）を付けて表します。それぞれ見ていきましょう。

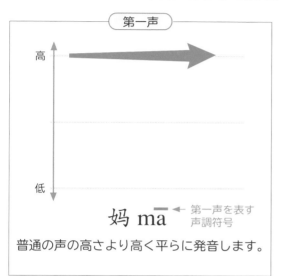

第一声

妈 mā ← 第一声を表す声調符号

普通の声の高さより高く平らに発音します。

第二声

麻 má ← 第二声を表す声調符号

低いところから急激に上昇させます。
驚いたときの「ええっ!?」のイメージ。

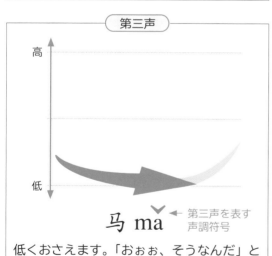

第三声

马 mǎ ← 第三声を表す声調符号

低くおさえます。「おぉぉ、そうなんだ」と
深く静かに納得するイメージ。

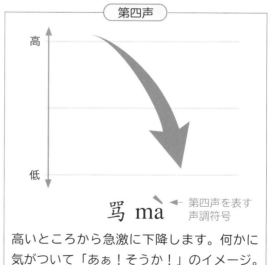

第四声

骂 mà ← 第四声を表す声調符号

高いところから急激に下降します。何かに
気がついて「あぁ！そうか！」のイメージ。

上記の４種類の声調のほかにもうひとつ、「軽声（けいせい）」（"軽声 qīng shēng"）というものがあります。前の声調に続けて軽く短く発音します。

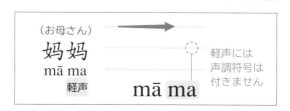

（お母さん）
妈妈
mā ma
軽声

mā ma

軽声には
声調符号は
付きません

Ⅱ 母音（単母音・複母音）

中国語の母音には、次のものがあります。

単母音	a　o　e　i　u　ü　　（er）
複母音	ai　ei　ao　ou　ia　ie　ua　uo　üe　iao　iou　uai　uei
鼻母音	an　en　ang　eng　ong　in　ing　ian　iang　iong uan　uen　uang　ueng　üan　ün

※鼻母音は子音の後に練習します。

1 単母音

中国語の母音は、基本的に6つです。a、i、u、oは日本語の母音に近いですが、eとüの音は日本語にはありませんから、注意が必要です。

a		日本語の「ア」よりも口を大きく開いてはっきり発音しましょう。
o		日本語の「オ」と同じですが、唇を丸めて発音します。
e		「エ」ではない、日本語にはない音です。 日本語で「オ」と言いながら、微笑むように口を横に開きます。のどに少し力が入って、「オ」と「エ」の中間のような音になります。
i （yi）		日本語の「イ」より口をぐっと横に引いて、はっきり鋭く「イ」と発音しましょう。
u （wu）		口をとがらせて、ストローを吸うような感じに唇をすぼめて緊張させ、「ウ」と発音します。
ü （yu）		「イ」と言いながら、舌を動かさずに唇だけすぼめ、「u」のストローを吸う形にして発音します。

単母音と声調を組み合わせた発音と聞き取りに挑戦してみましょう！

1 音声を聞いて発音しましょう。
003

ā	á	ǎ	à		ō	ó	ǒ	ò
ē	é	ě	è		ī	í	ǐ	ì
ū	ú	ǔ	ù		ǖ	ǘ	ǚ	ǜ

声調符号がつくと、
「i」の「・」が消えます。

2 音声を聞いてください。読まれたのは次の３つのうちどれでしょうか。
読まれたものに○を付けましょう。（２回ずつ読みます）
004

① á ā à ② ǒ ó ò ③ è ē é

④ ì ǐ ī ⑤ ú ù ū ⑥ ǔ ǘ ù

3 音声を聞いて声調符号を付け、発音しましょう。（２回ずつ読みます）
005

① a 阿（阿） ② o 噢（ああ、おお） ③ e 饿（餓）

④ yi 椅（椅） ⑤ wu 吴（呉） ⑥ yu 鱼（魚）

「i」「u」「ü」は、子音が付く場合はそのまま「-i」「-u」「-ü」と書きますが、
子音が付かずに母音だけでひとつの音節となる場合は、「yi」「wu」「yu」と書きます。

4 ２音節の場合の声調の組み合わせパターンを読みます。後について発音しましょう。
006

第一声との組み合わせ：	āā	āá	āǎ	āà
第二声との組み合わせ：	áā	áá	áǎ	áà
第三声との組み合わせ：	ǎā	ǎá	ǎǎ[※]	ǎà
第四声との組み合わせ：	àā	àá	àǎ	àà
軽声との組み合わせ：	āa	áa	ǎa	àa

※第三声＋第三声の発音について
は、P.23「第三声の変調」で
詳しく説明します。

5 ２音節の単語を読みましょう。（２回ずつ読みます）
007

① ā yí 阿姨（おばさん） ② yǔ yī 雨衣（レインコート）

③ yì wù 义务（義務） ④ wù yǔ 物语（物語）

⑤ yì yì 意义（意義） ⑥ yú'é 余额（残高）

2 複母音

　基本の単母音を組み合わせたものが複母音です。2つ組み合わせたものを「二重母音」、3つ
組み合わせたものを「三重母音」といいます。

開いた口を閉じていく型 ▶ 前の母音をはっきり発音します	ai　　ei　　ao　　ou
閉じた口を開いていく型 ◀ 後ろの母音をはっきり発音します	ia　　ie　　ua　　uo　　üe （ya）（ye）（wa）（wo）（yue）
閉じた口を開き、また閉じる型 ◆ 真ん中の母音をはっきり発音します	iao　iou^{（※）}　uai　uei^{（※）} （yao）（you）（wai）（wei）

※ 「iou」と「uei」は、実際に発音される音を表していますが、ピンインでは子音が付くときも
付かないときも、下記のように書き方が変わるので、注意してください。

　　子音が付くとき…真ん中の文字が消えます。

　　　　iou → iu　　　例 liú "刘"（劉）　【実際の発音は「l + iou」】

　　　　uei → ui　　　例 duì "对"（対）　【実際の発音は「d + uei」】

　　子音が付かないとき…「i」が「y」に、「u」が「w」に変わります。

　　　　iou → you　　例 yǒu "有"（有）　【実際の発音は「iou」】

　　　　uei → wei　　例 wèi "位"（位）　【実際の発音は「uei」】

> 「i」「u」「ü」が先頭にある複母音は、子音が付かないとき、上の表のカッコにあるようにピンインが変わります。変わり方をまとめてみましょう。
> 　　先頭が「i」→「y」に　　　先頭が「u」→「w」に　　　先頭が「ü」→「yu」に
> とにかく「y」を見たら「i」、「w」を見たら「u」、「yu」を見たら「ü」と読むと覚えておきましょう。

‖ **複母音の練習** ‖

1　音声を聞いて発音しましょう。

āi　ái　ǎi　ài　　　ēi　éi　ěi　èi

āo　áo　ǎo　ào　　　ōu　óu　ǒu　òu

yā　yá　yǎ　yà　　　yē　yé　yě　yè

wā　wá　wǎ　wà　　　wō　wó　wǒ　wò　　　yuē　yué　yuě　yuè

yāo　yáo　yǎo　yào　　　yōu　yóu　yǒu　yòu

wāi　wái　wǎi　wài　　　wēi　wéi　wěi　wèi

2 音声を聞いてください。読まれたのは次の2つのうちどちらでしょうか。読まれたほうに○を付けましょう。（2回ずつ読みます）

① āo　ǒu　　　② yé　éi　　　③ yòu　ào

④ wà　wǒ　　　⑤ yā　yāo　　　⑥ yuè　yě

⑦ yào　yǒu　　⑧ wēi　wài　　⑨ èi　ǎi

3 音声を聞いて声調符号を付け、発音しましょう。（2回ずつ読みます）

① ai　愛（愛）　　② ao　袄（上着）　　③ ou　欧（欧）

④ ya　牙（歯）　　⑤ ye　夜（夜）　　⑥ wa　挖（掘る）

⑦ wo　我（我）　　⑧ yue　月（月）　　⑨ yao　摇（揺）

⑩ you　有（有）　　⑪ wai　歪（歪む）　　⑫ wei　未（未）

声調符号は母音のアルファベットの上に付けますが、複数ある場合は次の優先順位に従います。
① 「a」の上
② 「o」か「e」の上
③ 「i」と「u」が並ぶときは後ろに付ける

Ⅲ 子音

中国語の子音は全部で21個あり、次のように分類されています。

	無気音	有気音	鼻　　音	摩擦音	有声音
唇　　音	b (o)	p (o)	m (o)	f (o)	
舌尖音	d (e)	t (e)	n (e)		l (e)
舌根音	g (e)	k (e)		h (e)	
舌面音	j (i)	q (i)		x (i)	
立て舌音 （巻舌音・そり舌音）	zh (i)	ch (i)		sh (i)	r (i)
舌歯音	z (i)	c (i)		s (i)	

　中国語の子音で特徴的なのが、上の表で濃い色で示している、「無気音」と「有気音」という息の出し方の違いと、「立て舌音」（「巻舌音」「そり舌音」ともいいます）と呼ばれる、舌を立てる発音です。これらを重点的に練習していきましょう。

　子音だけでは読みにくいので、（　）内の母音と一緒に発音します。

1 無気音と有気音

中国語の子音には、発音したときに息の音をさせない音（無気音〔むきおん〕）と、息をしっかり吹き出して発音するはっきりとした激しい音（有気音〔ゆうきおん〕）があります。

無気音

唇、歯、舌の破裂や摩擦の空気音が響かないように発音します。

発音した時、口の前にかざした紙はほとんど揺れません。

有気音

唇、歯、舌で発音するとき、一気に空気を破裂させて発音します。

発音した時、口の前にかざした紙は大きく揺れます。

日本語では「か」は「蚊」を、「が」は「蛾」を指すように、清音、濁音、半濁音で違う意味を表しますね。中国語の無気音と有気音も、これに似ています。たとえば、無気音の「bó」は"脖"（首）、有気音の「pó」は"婆"（おばあさん）です。

中国語の子音の中で、「b ／ p」、「d ／ t」、「g ／ k」、「j ／ q」、「z ／ c」、「zh ／ ch」が、無気音と有気音として、対立して存在しています。

2 子音

それでは、それぞれを発音してみましょう。音声を聞いてまねしてください。

b (o)	無気音です。空気の破裂音がしないように。
p (o)	有気音です。空気の破裂音が出るように発音します。
m (o)	日本語のマ行の要領とほぼ同じです。
f (o)	日本語の「フ」と違い、英語のｆと同じように、上の歯を下の唇に当てて発音します。
d (e)	無気音です。空気の破裂音がしないように。
t (e)	有気音です。空気の破裂音が出るように発音します。「ツー」にならないように注意しましょう。
n (e)	日本語のナ行の要領とほぼ同じです。
l (e)	日本語のラ行の要領とほぼ同じで、舌の先を歯の裏に付けて発音します。

g (e)	無気音です。「エ」の口の形で「ゴー」と言うイメージですが、濁らないように。
k (e)	有気音です。空気の破裂音が出るように、「エ」の口の形で「コー」と。
h (e)	のどの奥を息で摩擦させながら、母音の「e」を発音します。
j (i)	無気音です。「ジ」に近い発音ですが、濁らないように。
q (i)	有気音です。空気の破裂の音が出るように「チー」と。
x (i)	日本語の「シ」に近いです。英語の sea（スィー）にならないように。
z (i)	無気音です。口の端を横に引いて、破裂音がしないように「ヅー」と発音します。
c (i)	有気音です。口の端を横に引いて、思いっきり破裂音が出るように「ツー」と発音します。
s (i)	口の端を横に引いて、「スー」と発音します。

3　立て舌音

　「立て舌音」とは、舌先を上あごに近づけて、摩擦させて発音する音です。

　舌先で上の歯の裏から歯茎に沿って奥へ向かってなぞっていくと、くぼむところがありますね。そのあたりに舌先を近づけるように、右の図のようにして舌先を立たせます。そのままの状態で、舌を震わせながら次のように発音します。

　音は、ややこもった音になります。

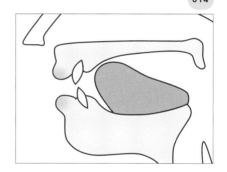

zh (i)	無気音です。舌を立たせた状態で、破裂音がしないように、「ヂ」と発音します。
ch (i)	有気音です。舌を立たせた状態で、破裂音が出るように、「チ」と発音します。
sh (i)	舌を立たせた状態で、「シ」と発音します。
r (i)	舌を立たせた状態で、舌をしっかり振動させて発音します。

　子音に付いている「i」にはちょっと注意が必要です。

　「j」「q」「x」に付く場合は、本来の単母音「i」ですが、「z」「c」「s」、「zh」「ch」「sh」「r」に付く場合は、それぞれによって「i」とは若干、音が変わります。

　ちなみに、日本人にとって難しい立て舌音ですが、じつは中国人でも苦手な人が多いです。それでもコミュニケーションに支障がないのは、声調が大きな役割を担っているからなんです。

　とにもかくにもまず声調、それから個々の発音をゆっくり練習していきましょう！

子音と「ü」のピンイン

「ü」が付く母音は、子音の「n」と「l」、「j」「q」「x」にしか付きませんが、その際にピンインの書き方が変わります。

まず、「j」「q」「x」に「ü」が続く場合、「ü」の上の「‥」は省略されます。

j＋ü→ju	j＋üe→jue	j＋ün→jun	j＋üan→juan
q＋ü→qu	q＋üe→que	q＋ün→qun	q＋üan→quan
x＋ü→xu	x＋üe→xue	x＋ün→xun	x＋üan→xuan

「n」「l」に「ü」が続く場合は、「ü」のままで書きます。

n＋ü→nü　　　　n＋üe→nüe　　　　（「n」と「l」には「ün」「üan」が付く発音はありません）

l＋ü→lü　　　　l＋üe→lüe

「u」が付く「nu」「lu」という音が別にあるので、混同しないように注意してください。

┃ *子音の練習* ┃

---

1 音声を聞き、無気音と有気音に注意して発音しましょう。（2回ずつ読みます）

① dǎ 打（打） ── tǎ 塔（塔）　　② gū 姑（おば） ── kū 哭（泣く）

③ bí 鼻（鼻） ── pí 皮（皮）　　④ dù 肚（お腹） ── tù 兔（兎）

⑤ jù 句（句） ── qù 去（行く）　　⑥ zhá 炸（揚げる） ── chá 茶（茶）

⑦ zǐ 子（子） ── cǐ 此（この）　　⑧ bā 八（八） ── pā 趴（腹ばいになる）

2 音声を聞いて声調符号を付け、発音しましょう。（2回ずつ読みます）

① bei 杯（杯）　　　② piao 票（票）　　　③ mao 猫（猫）

④ niu 牛（牛）　　　⑤ li 梨（梨）　　　⑥ ge 歌（歌）

⑦ jia 家（家）　　　⑧ qiu 球（球）　　　⑨ xie 鞋（くつ）

⑩ zhu 猪（豚）　　　⑪ che 车（車）　　　⑫ zi 字（字）

3 音声を聞いて、読まれたほうに○を付けましょう。（2回ずつ読みます）

① nǔ 女（女） ── lǜ 绿（緑）　　② shǎo 少（少ない） ── xiào 笑（笑う）

③ guì 贵（高い） ── kuī 亏（損をする）　　④ dōu 都（みんな） ── duō 多（多い）

⑤ rǔ 乳（乳） ── lù 路（路）　　⑥ xī 西（西） ── xū 需（必要である）

4 音声を聞いて、空欄に子音を入れましょう。（2回ずつ読みます）

①＿＿ī 七（七）　　　②＿＿ù 裤（ズボン）　　　③＿＿à 大（大きい）

④ ＿＿ ǔ 许（許す）　⑤ ＿＿ ǎ 把（握る）　⑥ ＿＿ ō 坡（坂）

⑦ ＿＿ é 河（河）　⑧ ＿＿ ǔ 土（土）

Ⅳ 鼻母音

　中国語では、「～ン」という音を2つに区別します。ピンインにすると「-n」と「-ng」です。

　日本語でも、「アンナイ」（案内）の「アン」と、「アンガイ」（案外）の「アン」では、「ン」の発音が違っていますね。「アンナイ」では、「ン」は上前歯の裏あたりに舌先が付いていますが、「アンガイ」では、舌先はどこにも付いていないはずです。「アンナイ」の「ン」は中国語の「-n」、「アンガイ」の「ン」は中国語の「-ng」に相当します。

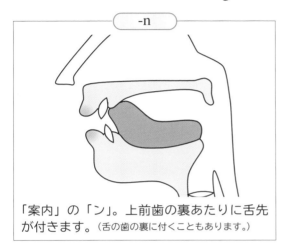

-n

「案内」の「ン」。上前歯の裏あたりに舌先が付きます。（舌の歯の裏に付くこともあります。）

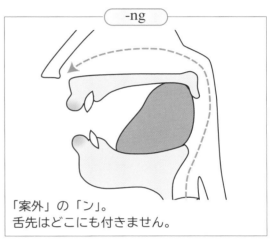

-ng

「案外」の「ン」。
舌先はどこにも付きません。

中国語の鼻母音は次の16個があります。

019

「a」「o」「e」グループ	an	en	ang	eng	ong
「i」グループ	in (yin)	ing (ying)	ian^{（※）} (yan)	iang (yang)	iong (yong)
「u」グループ	uan (wan)	uen^{（※※）} (wen)	uang (wang)	ueng (weng)	
「ü」グループ	üan^{（※）} (yuan)	ün (yun)			

※「ian」と「üan」の「a」は、「ア」ではなく「エ」と発音し、それぞれ「イエン」、「ユエン」と発音します。

※※「uen」は、実際に発音される音を表していますが、ピンインは書き方が変わります。

子音が付くとき　　　uen → un　例 hūn "婚"（婚）【実際の発音は「h + uen」】

子音が付かないとき　uen → wen　例 wēn "温"（温）【実際の発音は「uen」】

鼻母音の練習

1 音声を聞いて、鼻母音を第一声で2回ずつ発音しましょう。 🎧 020

ān —— ān　　ēn —— ēn

āng —— āng　　ēng —— ēng　　ōng —— ōng

yīn —— yīn　　yīng —— yīng

yān —— yān　　yāng —— yāng　　yōng —— yōng

wān —— wān　　wēn —— wēn　　wāng —— wāng　　wēng —— wēng

yuān —— yuān　　yūn —— yūn

2 「-n」と「-ng」の違いに注意して発音しましょう。（2回ずつ読みます） 🎧 021

① rén shēng　人生（人生）　　② xiàn xiàng　现象（現象）

③ diàn yǐng　电影（映画）　　④ yín háng　银行（銀行）

3 音声を聞いて、読まれたほうに○を付けましょう。（2回ずつ読みます） 🎧 022

① wǔ fàng —— wǔ fàn　　② dà shān —— dà shāng

③ cháng chéng - cháng cháng　　④ bàn qiú —— bàng qiú

4 音声を聞いて、空欄に鼻母音を入れましょう。（2回ずつ読みます） 🎧 023

① Rì b____　日本（日本）　　② D____ j____　东京（東京）

③ H____ b____　横滨（横浜）　　④ Zh____ guó　中国（中国）

⑤ Sh____ hǎi　上海（上海）　　⑥ T____ j____　天津（天津）

ここで、鼻母音のポイントを3つお話ししましょう。

①鼻母音も複母音と同様に、「i」「u」「ü」が先頭にあるものは、子音がつかないとき、ピンインが変わります。「i」には2つのパターン（「y」を加えるものと、「y」に置き換えるもの）がありますが、いずれにせよ「y」を見たら「i」、「w」を見たら「u」、「yu」を見たら「ü」と読むと覚えておけば大丈夫です！

②どの漢字が「-n」で、どの漢字が「-ng」なのかは、日本の漢字の読み方からわかります！
日本の音読みで、「〜ン」と読む字は「-n」、「〜イ」「〜ウ」と音を伸ばして読む字は「-ng」です。
たとえば… 心「シン」→ xīn　／　情「ジョウ」→ qíng　英「エイ」→ yīng

③「-n」と「-ng」の区別も、じつは中国人で苦手な人がたくさんいます。子音の立て舌音もそうですが、これらは普通話の元となった北京など北方の方言にある発音で、南方の方言にはあまりありませんでした。そのため、特に南方の人にこれらを苦手とする人が多いようです。
ですから、やっぱりいちばん大事なのは声調なのです！

22

V 「er」とr化

中国語の母音にはもうひとつ、「er」という発音があります。

er	「e」と発音しながら、子音の立て舌音と同じ要領で舌先を立たせます。

　「er」で読む字は "儿 ér"（児）、"耳 ěr"（耳）、"而 ér"（爾）などで、とても少ないのですが、単語を発音するとき、語尾で「er」のように舌先を立てることがあります。これを「r化（アル化）」と言い、漢字では "儿"、ピンインでは「r」を付けて表します。

　　　例　huār "花儿"（花）　　　　　　huàr "画儿"（絵）

※「-i」「-n」「-ng」がアル化する場合、「-i」「-n」「-ng」は無視して発音します。

　　　例　wánr "玩儿"（遊ぶ）　　　　xiǎo háir "小孩儿"（子供）

VI 声調の変化

　中国語の単語や文を読むには、2文字2音節のセットで読むことが欠かせません。1音節目と2音節目の声調の組み合わせパターンを見てみましょう。　【音声は母音の練習（006）を参照ください】

2音節め＼1音節め	第一声	第二声	第三声	第四声	軽声
第一声	ā ā	ā á	ā ǎ	ā à	ā a
第二声	á ā	á á	á ǎ	á à	á a
第三声	ǎ ā	ǎ á	ǎ ǎ	ǎ à	ǎ a
第四声	à ā	à á	à ǎ	à à	à a

1　第三声の変調

　上の表の組み合わせの中で、第三声と第三声の組み合わせは特別で、前の音節を第二声に変えて発音します。

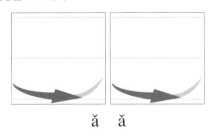

ǎ　ǎ

á　ǎ

★声調符号は第三声のままで書かれます。

　　例　你好（こんにちは）　ピンインは　nǐ hǎo　▶▶▶　読むときは　ní hǎo
　　　　讲演（講演する）　ピンインは　jiǎng yǎn　▶▶▶　読むときは　jiáng yǎn

なお、第三声はほかの声調と組み合わせるとき、ほとんどの場合、最後に少し上がるところは省略します。

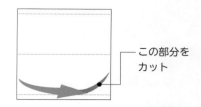

この部分をカット

例　hǎo chī　好吃（おいしい）

　　diàn nǎo　电脑（コンピューター、パソコン）

上がるところまで発音する第三声を「全三声」、上がるところを省略する第三声を「半三声」といいます。

２ “不”と“一”の変調

否定を表す“不”と、数やいろいろなニュアンスを表す“一”は特によく使う字で、読むときに声調が変わることがあります。

“不”の変調

“不”は、本来は第四声で「bù」と読みますが、後ろに第四声が続く場合、第二声に変わります。

不 bù ＋第四声　　　　　　　　不 bú ＋第四声

例　“不是”（いいえ、～ではない）　bù shì　▶▶▶　bú shì

　　“不客气”（どういたしまして）　bù kè qi　▶▶▶　bú kè qi

第四声以外の声調が後ろに続くときは、第四声のままです。

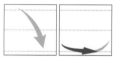

不 bù ＋第一声　　　不 bù ＋第二声　　　不 bù ＋第三声

“一”の変調

“一”は、本来は第一声で「yī」と読みます。

まず、後ろにほかの音節が続かない場合は、そのまま読みます。

例　“统一”（統一する）　tǒng yī

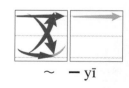

～　一 yī

後ろに第一声、第二声、第三声が続くときは、第四声に変わります。

一 yì ＋第一声　　例　“一天”（1日）　yī tiān　▶▶▶　yì tiān

一 yì ＋第二声　　例　“一年”（1年）　yī nián　▶▶▶　yì nián

例 "一百"（百）
yī bǎi
▸▸▸ yì bǎi

後ろに第四声が続くときは、第二声に変わります。

例 "一万"（1万）
yī wàn
▸▸▸ yí wàn

ー yí ＋第四声

"不" と "一" の声調符号は、第三声の変調とは異なり、変わったあとの声調で書かれることが多いです。（辞書は本来の声調で書かれています。）

r化と声調変化の練習

027

1　r化に注意して発音しましょう。（2回ずつ読みます）

① huà huàr　画画儿（絵を描く）
② chā huār　插花儿（花を生ける）
③ xiǎo háir　小孩儿（子供）
④ yí huìr (※)　一会儿（少しの間）
⑤ yì diǎnr　一点儿（ちょっと）
⑥ xiāng wèir　香味儿（良い香り）

※ "一会儿" は「yì huǐr」と読むこともあります。

028

2　声調の変化に注意して発音しましょう。（2回ずつ読みます）

【第三声の変調】
① yǔ sǎn　雨伞（雨傘）
② shǒu zhǐ　手纸（トイレットペーパー）
③ lǐ xiǎng　理想（理想）
④ xiǎo jiě　小姐（（若い女性への敬称）〜さん）

【"不" の変調】
⑤ bù chī　不吃（食べない）
⑥ bù xíng　不行（だめである）
⑦ bù hǎo　不好（良くない）
⑧ bú yào　不要（いらない）

【"一" の変調】
⑨ yì jiā　一家（一家）
⑩ yì píng　一瓶（1瓶）
⑪ yì qǐ　一起（一緒に）
⑫ yí ge　一个（1個）

⑫の "一个" の "个" は軽声ですが、本来は第四声で「gè」と読みます。この本来の第四声に合わせて、"一" は第二声に変わります。

25

ここまで練習してきた発音の、総合練習を行います。
発音練習を兼ねて、数字と基本のあいさつフレーズも一緒に練習してみましょう。

1 発音の総合練習

1 声調の組み合わせに注意しながら、2音節ずつ読みましょう。 029

tiān tiān	hē chá	shēn tǐ	kāng jiàn	天天喝茶身体康健
天天	喝茶	身体	康健	日々お茶を飲めば体は健康
（日々）	（お茶を飲む）	（身体）	（健康である）※	
dú shū	xué xí	méi yǒu	jié jìng	读书学习没有捷径
读书	学习	没有	捷径	勉学に近道はない
（読書、勉強する）	（勉強する）	（ない）	（近道）	
hěn duō	xiǎo háir	xiǎng yǎng	chǒng wù	很多小孩想养宠物
很多	小孩儿	想养	宠物	多くの子供はペットを飼いたい
（多くの）	（子供）	（飼いたい）	（ペット）	
xì xīn	fù zé	bì miǎn	fàn cuò	细心负责避免犯错
细心	负责	避免	犯错	注意深く責任感があれば
（注意深い）	（責任をとる）	（避ける）	（過ちを犯す）	過ちを免れる

※1行目の「健康である」は一般的には "健康" といいます。

2 日本の地名を読んでみましょう。 030

Dōng jīng	Chōng shéng	Qiān yè	Héng bīn	Cháng qí
东京	冲绳	千叶	横滨	长崎
（東京）	（沖縄）	（千葉）	（横浜）	（長崎）
Xióng běn	Shén hù	Guǎng dǎo	Běi hǎi dào	Dà bǎn
熊本	神户	广岛	北海道	大阪
（熊本）	（神戸）	（広島）	（北海道）	（大阪）

3 母音と子音は同じで、声調だけが異なる組み合わせをとりあげました。
声調の違いに注意して発音しましょう。 031

① jiào shī　教师（教師）　　　　　jiào shì　教室（教室）

② shuǐ jiǎo　水饺（水餃子）　　　shuì jiào　睡觉（眠る）

③ shū jià　书架（書架）　　　　　shǔ jià　暑假（夏休み）

④ tǒng yī　统一（統一-する）　　　tóng yì　同意（同意する）

⑤ jīng jì　经济（経済）　　　　　jìng jì　竞技（競技）

⑥ yóu yǒng　游泳（泳ぐ）　　　　yǒu yòng　有用（役に立つ）

4　音声を聞いて、読まれたほうに○を付けましょう。（2回ずつ読みます）

① Sì gǔ　四谷（四谷）　　　　　Sè gǔ　涩谷（渋谷）

② jī běn　基本（基本）　　　　　zī běn　资本（資本）

③ lǜ dēng　绿灯（青信号）　　　　lù dēng　路灯（街灯）

④ zá zhì　杂志（雑誌）　　　　　zá jì　杂技（雑技）

⑤ tù zi　兔子（ウサギ）　　　　　dù zi　肚子（お腹）

⑥ shǎo chī　少吃（少し食べる）　　xiǎo chī　小吃（お菓子、スナック、おつまみ）

5　音声を聞いて、声調符号を付けましょう。（2回ずつ読みます）

① Bei jing　北京（北京）　　　　② Shang hai　上海（上海）

③ Tian jin　天津（天津）　　　　④ Da lian　大连（大連）

⑤ Chong qing　重庆（重慶）　　　⑥ Xiang gang　香港（香港）

2　数字を読もう

中国語の数字は、次のように読みます。順番に読んでみましょう。

yī 一（1）	èr 二（2）	sān 三（3）	sì 四（4）	wǔ 五（5）
liù 六（6）	qī 七（7）	bā 八（8）	jiǔ 九（9）	shí 十（10）
shí yī 十一（11）	shí'èr 十二（12）	shí sān 十三（13）	shí sì 十四（14）	shí wǔ 十五（15）
……	èr shí 二十（20）	èr shi yī 二十一（21）	èr shi'èr 二十二（22）	……
……	jiǔ shi bā 九十八（98）	jiǔ shi jiǔ 九十九（99）	yì bǎi 一百（100）	……

27

「こんにちは」「ありがとう」などの、基本のあいさつフレーズを読んでみましょう。

Nǐ hǎo.
你好。
（こんにちは。）

Nǐ hǎo.
你好。
（こんにちは。）

Xiè xie.
谢谢。
（ありがとう。）

Bú kè qi.
不客气。
（どういたしまして。）

Duì bu qǐ.
对不起。
（すみません。）

Méi guān xi.
没关系。
（かまいません。）

Zài jiàn.
再见。
（さようなら。）

Zài jiàn.
再见。
（さようなら。）

Zǎo shang hǎo.
早上好。
（おはようございます。）

Zǎo shang hǎo.
早上好。
（おはようございます。）

Wǎn shang hǎo.
晚上好。
（こんばんは。）

Wǎn shang hǎo.
晚上好。
（こんばんは。）

Míng tiān jiàn.
明天见。
（また明日。）

Míng tiān jiàn.
明天见。
（また明日。）

Hǎo jiǔ méi jiàn.
好久没见。
（お久しぶりです。）

Hǎo jiǔ méi jiàn.
好久没见。
（お久しぶりです。）

Qǐng zuò.
请坐。
（どうぞお座りください。）

Xiè xie.
谢谢。
（ありがとうございます。）

Zuì jìn máng ma?
最近忙吗?
（最近お忙しいですか？）

Hái kě yǐ.
还可以。
（まあまあです。）

Nǐ shuō de zhēn hǎo.
你说得真好。
（話すのがお上手です。）

Nǎ li nǎ li.
哪里哪里。
（いえいえ。）

Má fan nín le.
麻烦您了。
（お世話になりました。）

Méi shén me.
没什么。
（どういたしまして。）

発音練習、たいへんおつかれさまでした！ 最後に、中国語の美しさを実感できる漢詩を聞いてみてください。唐の時代の詩人・孟浩然の『春暁』です。できれば自分でも読んでみましょう。

Chūn xiǎo

春 暁

『春暁』

Mèng Hào rán

孟 浩 然

036

chūn mián bù jué xiǎo

春 眠 不 覚 暁

春眠 暁を覚えず

chù chù wén tí niǎo

処 処 闻 啼 鸟

処々 啼鳥を聞く

yè lái fēng yǔ shēng

夜 来 风 雨 声

夜来 風雨の声

huā luò zhī duō shǎo

花 落 知 多 少

花落つること知る多少

ピンイン表記のルール　　ピンインの書き方のルールを簡単にまとめておきましょう。

1 母音「i」「u」「ü」に関わる表記

「i」「u」「ü」と、これらが先頭にくる複母音、鼻母音は、子音と組み合わせずに母音だけで単独の音節になるとき、表記が変わります。

	単母音	複母音	鼻母音
i	yi	i が y に変わる▶ ya yao you ye	i が yi に変わる▶　yin ying i が y に変わる▶　yan yang yong
u	wu	u が w に変わる▶ wa wo wai wei	u が w に変わる▶　wan wang wen weng
ü	yu	ü が yu に変わる▶ yue	ü が yu に変わる▶　yun yuan

「iou」「uei」「uen」は、子音と組み合わせるとき、真ん中の文字が消えます。

	子音と組み合わせるとき	子音と組み合わせないとき
iou	-iu（liu／diu など）	you
uei	-ui（dui／gui など）	wei
uen	-un（dun／lun など）	wen

「ü」「üe」「ün」「üan」は、子音「j」「q」「x」と組み合わせるとき、「ü」の上の「‥」が消えます。

	j	q	x	n	l
ü	ju	qu	xu	nü	lü
üe	jue	que	xue	nüe	lüe
ün	jun	qun	xun		
üan	juan	quan	xuan		

※「j」「q」「x」は、「u」と組み合わせることはありません。

※「n」「l」は、「u」と組み合わせる場合もあるので、「ü」は「ü」のまま表記します。

声調記号は母音の上に付けます。優先順位は次のとおりです。

① 「a」の上　　　　　…まず「a」を探しましょう！
② 「o」か「e」の上　　…「o」と「e」が一緒に現れることはありません。
③ 「i」「u」「ü」の上　…「i」の上の「・」は消します。
　　　　　　　　　　　　　　「ü」の上の「‥」は消しません。
　　　　　　　　　　　　　　　　（「j」「q」「x」「y」と組み合わせる場合は除く）
④ 「-iu」「-ui」は、後ろに　…「diū」「duì」など。

①ピンインはふつう、単語単位でつなげます。

> 例　　wǎnfàn　　　　　chī fàn
> 　　　晩饭　　　　　　吃 饭
> 　　（晩ご飯）　　　（食べる）（ご飯）＝ご飯を食べる

　　ピンインがつながっている2音節以上の語句では、音節の切れ目は次のように読み取ります。

　　1）子音を探す…「y」「w」も子音とみなします。

> 例　　wǎnfàn　　　　　bàngwǎn
> 　　　晩 饭　　　　　　傍 晩
> 　　（晩ご飯）　　　　（夕方）

　　2）母音「a」「o」「e」が後ろの音節にくるとき、「隔音記号（かくおん）」というアポストロフィ「 ’ 」が挿入されます。

> 例　　shí ’ èr　　　　　kě ’ ài
> 　　　十 二　　　　　　可 爱
> 　　　（12）　　　　　（かわいい）

　　本書では、単語のピンインにも音節ごとにスペースを入れて表示しています。学習を進めていく中で、音節の切れ目も見つけられるようになりましょう。

②固有名詞のピンインは、頭を大文字にします。

> 例　Rìběn　日本（国名／日本）　　　　Zhōngguó　中国（国名／中国）
> 　　Liú Lì　刘力（人名／劉力）　人名では、姓・名の頭をそれぞれ大文字にします。

③文章のピンインは、文頭のアルファベットを大文字にし、「 . 」「 ? 」「 ! 」で終わります。

1 劉さんと鈴木さんが初めて会う場面です。
ピンインと日本語訳を見ながら、音声を聞いてみましょう。

037

Nǐ hǎo！ Wǒ xìng Liú， jiào Liú Lì.
（こんにちは！　ぼくは劉、劉力といいます。）

Nǐ jiào shén me míng zi ?
（あなたのお名前は何といいますか？）

Nǐ hǎo！ Wǒ xìng Líng mù， jiào Líng mù Ài zǐ.
（こんにちは！　わたしは鈴木です、鈴木愛子といいます。）

Rèn shi nǐ， wǒ hěn gāo xìng.
（あなたと知り合えて、うれしいです。）

Rèn shi nǐ， wǒ yě hěn gāo xìng.
（あなたと知り合えて、わたしもうれしいです。）

 ワンポイント

　　中国語のあいさつといえば、まず"你好！"ですね。「あなた」の"你"と、「良い」という意味の"好"がセットになって、「こんにちは」というあいさつ言葉になっています。

　"好"は「良い」というのが基本的な意味ですが、「元気である、機嫌が良い、無事である」という意味もあり、"你好吗？"と、「マ？」と付けるだけで、「お元気ですか？　ご機嫌いかがですか？」とたずねることもできます。

　ほかにも、"好"だけで「はい、了解しました、承知しました、いいですね、賛成です」など、ポジティブな返事をすることもできますので、"好"は一番はじめに覚えていただきたいことばです。

第1課

2 漢字とピンインを見ながら、もう一度聞いてみましょう。 037

Nǐ hǎo! Wǒ xìng Liú, jiào Liú Lì.
你 好！我 姓 刘，叫 刘 力。

Nǐ jiào shén me míng zi?
你 叫 什么 名字？

Nǐ hǎo! Wǒ xìng Líng mù, jiào Líng mù Ài zǐ.
你 好！我 姓 铃木，叫 铃木 爱子。

Rèn shi nǐ, Wǒ hěn gāo xìng.
认识 你，我 很 高兴。

Rèn shi nǐ, Wǒ yě hěn gāo xìng.
认识 你，我 也 很 高兴。

3 音声を聞いて、ピンインと意味を確認しながら、単語を発音しましょう。 038

nǐ 你	代 あなた	hǎo 好	形 良い、元気である
nǐ hǎo 你好	こんにちは	wǒ 我	代 わたし
xìng 姓	動（姓は）～である 名 姓	jiào 叫	動（名前は）～という、呼ぶ
shén me 什么	疑 何	míng zi 名字	名 名前
rèn shi 认识	動 知っている、認識する	gāo xìng 高兴	形 うれしい
hěn 很	副 とても	yě 也	副 ～も
Liú Lì 刘 力	（名前）劉力	Líng mù Ài zǐ 铃木 爱子	（名前）鈴木愛子

4 会話をゆっくり読みます。ピンイン、漢字を見ながら、音声の後について読みましょう。 039

33

040

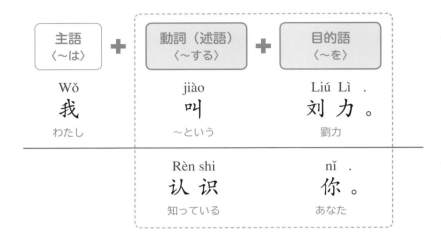

動作や行為を表すとき、日本語では、「①主語〈～は〉②目的語〈～を〉③動詞（述語）〈～する〉」という順番で言います。しかし、中国語では目的語と動詞（述語）が入れ替わります。「①主語②動詞（述語）③目的語」という順番です。

　この順番に慣れるまでは、よく使うことばを「動詞＋目的語」のセットで覚えてしまうのが、中国語をスムーズに学習するコツ！　よく使う動詞と目的語の組み合わせを見てみましょう。

中国語は、「動詞（述語）」＋目的語」の順番だけは英語と同じですが、疑問文の作り方や時間や場所などの修飾語の入れ方など、日本語に近いものが多いです。

日本語の底力を思う存分発揮して、安心してゆっくり学んでいきましょう！

　知之为知之，不知为不知，是知也　zhī zhī wéi zhī zhī, bù zhī wéi bù zhī, shì zhī yě

練習

---

1 上段は動詞、下段は目的語です。最もふさわしい組み合わせを線で結びましょう。 041

<table>
<tr><td>tīng</td><td>chī</td><td>hē</td><td>xué</td><td>mǎi</td><td>kàn</td></tr>
<tr><td>听</td><td>吃</td><td>喝</td><td>学</td><td>买</td><td>看</td></tr>
<tr><td>・</td><td>・</td><td>・</td><td>・</td><td>・</td><td>・</td></tr>
</table>

・	・	・	・	・	・
lā miàn	yīn yuè	yī fu	shū	Hàn yǔ	hóng chá
拉面	音乐	衣服	书	汉语	红茶

---

2 絵を見て、中国語で言ってみましょう。【音声は第1問と共通】 041

---

3 簡体字をなぞり書きしましょう。カッコ内の日本の漢字と比べて覚えてください。

 rèn（認）　 hóng（紅）　 yuè/lè（楽）　 mǎi（買）　 shū（書）

主語〈～は〉	+	"不"〈否定〉	動詞（述語）〈～する〉	+	目的語〈～を〉
Wǒ		bú	rèn shi		nǐ .
我		不	认识		你 。
わたし		～ない	知っている		あなた

　会話の中には出てきませんが、「～ない」と否定する方法を見てみましょう。

　中国語で否定を表す基本のことばは"不"です。これを、否定したい部分の前に付けるだけです。上の例では、「知っている」という動詞"认识"の前に否定の"不"を付けることによって、「知らない」という意味を表します。

不	動詞	+	目的語		不	動詞	+	目的語		不	動詞	+	目的語
bù	chī		fàn		bù	hē		kā fēi		bù	tīng		huà
不	吃		饭		不	喝		咖啡		不	听		话
～ない	食べる		ご飯		～ない	飲む		コーヒー		～ない	聞く		話

（ご飯を食べない）　　　　　　（コーヒーを飲まない）　　　　　　（話を聞かない）

bù	xué	Yīng yǔ		bù	mǎi	shū		bú	kàn	diàn shì
不	学	英语		不	买	书		不	看	电视
～ない	学ぶ	英語		～ない	買う	本		～ない	見る、読む	テレビ

（英語を学ばない）　　　　　　（本を買わない）　　　　　　（テレビを見ない）

注目 **"不"は後ろに付く語によって発音が変わります！**

　発音のところでもお話ししましたが、高く始めて一気に下げる第四声の"不 bù"を、後ろの語の声調によって、低く始めてぐっと急激に上げる第二声で「bú」と発音することがあります。とてもよく使う語なので、こうすることで発音しやすくしています。

後ろが第一声、第二声、第三声のとき → 第四声のままで発音	後ろが第四声のとき → 第二声に変わる

後ろが第一声、第二声、第三声のとき → 第四声のままで発音

bù chī	bù hē	bù tīng
不 吃	不 喝	不 听
第一声	第一声	第一声

bù xué	bù mǎi
不 学	不 买
第二声	第三声

後ろが第四声のとき → 第二声に変わる

bú kàn	bú rèn shi
不 看	不 认识
第四声	第四声

第四声を続けて言うよりもラクですよ！
一度比べてみてください。

　己所不欲，勿施于人　jǐ suǒ bú yù, wù shī yú rén

1　次のことばを否定形にして、簡体字とピンインを書きましょう。
　　"不" のピンインは、声調が変化する場合、変化したあとの声調で書いてください。

吃 饭 → ＿＿＿＿＿＿＿＿＿　　　喝 咖啡 → ＿＿＿＿＿＿＿＿＿

听 话 → ＿＿＿＿＿＿＿＿＿　　　学 英语 → ＿＿＿＿＿＿＿＿＿

买 书 → ＿＿＿＿＿＿＿＿＿　　　看 电视 → ＿＿＿＿＿＿＿＿＿

2　絵を見て、中国語で言ってみましょう。

＿＿＿＿＿＿　　　＿＿＿＿＿＿　　　＿＿＿＿＿＿

＿＿＿＿＿＿　　　＿＿＿＿＿＿　　　＿＿＿＿＿＿

3　簡体字をなぞり書きしましょう。カッコ内の日本の漢字と比べて覚えてください。

 shí（識）　 fàn（飯）　 tīng（聴）　 diàn（電）　 shì（視）

主語〈～は〉	+	動詞（述語）〈～する〉	+	目的語〈～を〉

Nǐ　　　　　　　　jiào　　　　　　　shén me　míng zi　?
你　　　　　　　　叫　　　　　　　什么 名字 ？
あなた　　　（名前は）～という　　　何　　　名前

Wǒ　　　　　　　jiào　　　　　　　Líng mù　Ài zǐ　.
我　　　　　　　叫　　　　　　　铃木 爱子 。
わたし　　　（名前は）～という　　　鈴木 愛子

　“名字”は「フルネーム」のことです。“我叫～”とフルネームを言います。相手のフルネームを聞くには、“你叫什么名字?”（どんな名前？　何という名前？）と聞きます。
　“叫”を“姓 xìng”に変えると、苗字だけを言ったり、たずねたりすることができます。

Nǐ　　　xìng　　　shén me ?
你　　　姓　　　什么 ？
あなた　（姓は）～という　　何
（あなたは（姓は）何といいますか？）

Wǒ　　　xìng　　　Líng mù .
我　　　姓　　　铃木 。
わたし　（姓は）～という　　鈴木
（わたしは（姓は）鈴木といいます。）

Wǒ　　　xìng　　　Liú .
我　　　姓　　　刘 。
わたし　（姓は）～という　　劉
（わたしは（姓は）劉といいます。）

苗字をたずねる言い方にはもうひとつ、
🎧 Nín　guì xìng
“您　贵　姓？”という言い方があります。
“您”は“你”を丁寧にした敬語で、上司や先生など、目上の人や年上の人に対して使います。
　こうたずねられた時の答え方は同じで、“我姓～”と答えます。

　この“什么”は、「何、どんな」とたずねる時に使う疑問詞です。これをたずねたいものと入れ替えるだけで、「何？」とたずねることができます。たとえば…

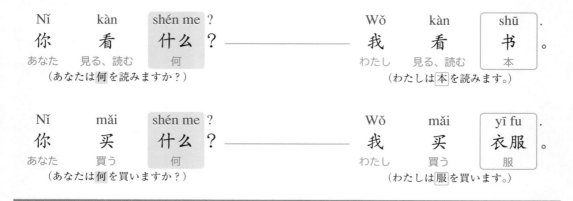

Nǐ　　　kàn　　　shén me ?
你　　　看　　　什么 ？
あなた　見る、読む　何
（あなたは何を読みますか？）

Wǒ　　　kàn　　　shū .
我　　　看　　　书 。
わたし　見る、読む　本
（わたしは本を読みます。）

Nǐ　　　mǎi　　　shén me ?
你　　　买　　　什么 ？
あなた　買う　　何
（あなたは何を買いますか？）

Wǒ　　　mǎi　　　yī fu .
我　　　买　　　衣服 。
わたし　買う　　服
（わたしは服を買います。）

ここで、"我"や"你"、"您"など、中国語の人称代名詞を整理しておきましょう。

	単数	複数	敬語
第一人称	wǒ 我 わたし	wǒ men 我们 わたしたち	―
第二人称	nǐ 你 あなた	nǐ men 你们 あなたたち	nín 您 あなたさま
第三人称	tā　　tā 他 / 她 彼／彼女	tā men　　tā men 他们 / 她们 彼ら／彼女たち	―

①複数形は"们 men"を付けます。

②敬語表現は"您"だけで、複数形はありません。

③第三人称の、男性は人べんの"他"、女性は女へんの"她"で、発音は同じです。

④第三人称の複数形で、男女混合の場合は人べんの"他们"を使い、女へんの"她们"は女性ばかりのときにだけ使います。

｜ 練習 ｜

音声から聞こえる名前をたずねる3つの質問に、あなた自身のことを答えてみましょう。

046

日本人の名前は、漢字をそのまま中国語の発音で読みます。
例 村上 春樹 → 村上 春树 Cūn shàng　Chūn shù
　　東野 圭吾 → 东野 圭吾 Dōng yě　Guī wú

名前がひらがな・カタカナの場合は、自分で好きな漢字をあてます。
例 長澤 まさみ→ 长泽 正美 Cháng zé　Zhèng měi ／长泽 雅美 Cháng zé　Yǎ měi

　　かなを漢字にするとき、きまりはありません。たとえば「さくら」なら、「桜」という漢字で"樱 yīng"とするとよいでしょう。もし日本語の発音に近い音で読んでほしければ、中国語発音で近い音になるように"纱咕啦 shā gū lā"などとする方法もあります。
　　ちなみに、非漢字圏の人たちの名前は、原語の発音に近い発音の漢字をあてて表します。
例 スティーブ・ジョブズ → 史蒂夫・乔布斯 Shǐ dì fū　Qiáo bù sī

★ 名前の簡体字表記とピンインを調べるには
「書虫 ピンイン変換サービス」(https://www.frelax.com/sc/service/pinyin/)などの変換サービスサイトで調べられます。「Google 翻訳」でも簡単に調べられますが、翻訳されてしまったり、一部違うピンインが出てくることもあるので、変換サービスサイトや辞書を併用するとよいでしょう。

あなたの名前は中国語で…

ピンイン

簡体字

ロールプレイ　本文の内容を思い出しながら、次のことを話しましょう。

① あいさつして、自分の名前を名乗る。
② 相手に名前をたずねる。
③ 相手になったつもりで、あいさつして自分の名前を伝える。
④ 知り合えてうれしいと伝える。
⑤ 相手になったつもりで、知り合えてわたしもうれしい、と伝える。

練習問題　次の日本語を中国語にしてください。簡体字とピンインを書きましょう。

① お名前は？

② わたしは [　　　　　　　] と申します。★自分の名前を入れましょう

③ 知り合えて、うれしいです。

④ わたしも知り合えてうれしいです。

⑤ わたしは中国語を勉強します（しています）。

⑥ 彼女は紅茶を飲みます。

⑦ 彼は音楽を聞きます。

⑧ あなたは何を読みますか？

⑨ きみは何を食べる？

_____

⑩ 俺はラーメンを食う。

_____

教えて！小老師 次の質問に答えられますか？
答えられたら、この課の内容をマスターできています！

❶ 名字を言うときとフルネームを言うときに同じ動詞を使いますか？

❷ 中国語の動詞と目的語の関係は、日本語と同じですか？

❸ 動詞を否定するとき、日本語は「動詞＋ない」ですが、中国語は？

❹ 「あなたは何を買うか」という質問文はどう作りますか？

❺ 日本ではどんな名字が多いですか？

❻ ひらがなの名前はどのように中国語で表しますか？

学習評価表 | "量変到质変"…量の変化から質の変化が起こる学習の成果を自分で確認し、歩みを確実なものにしましょう。

読む回数	ピンインを見ながら読む	漢字だけを見て読む	日本語を見て中国語で言う
1			
2			
3			
4			
5			
6			
N			

5・7・5のリズムで中国語を楽しもう！ **五七五 三行日記**

◇◇◇◇◇◇◇

nǐ hǎo wǒ xìng Lǐ   rèn shi nǐ wǒ hěn gāo xìng   qǐng duō duō guān zhào

你 好 我 姓 李　认 识 你 我 很 高 兴　请 多 多 关 照

（こんにちはわたしは李、あなたと知り合えてうれしいです。どうぞよろしくお願いします。）

1 鈴木さんが劉さんの持ち物について質問しています。
ピンインと日本語訳を見ながら、音声を聞いてみましょう。

 048

 Zhè shì shén me ?
（これは何ですか？）

 Zhè shì yǐ zi .
（これはイスです。）

 Zhè shì yǐ zi ma ?　Zhēn de ma ?
（これはイスですか？　本当ですか？）

 Shì a ，fēi cháng fāng biàn .
（そうですよ、とても便利です。）

 Shè jì yě hěn piào liang .
（デザインも美しいです。）

 Zhè shì wǒ de zuì'ài .
（これはぼくの宝物です。）

能携帯
持ち運びできるよ！

ワンポイント

　"最爱"は、「最も、いちばん」という意味の副詞"最"と、「愛する」という意味の動詞"爱"を合わせて「大好きなもの、とても大切なもの、宝物」という意味でよく使われるようになったことばです。映画やドラマ、歌などのタイトルとしてよく使われていることばが一般に浸透して、ひとつの名詞として使われるようになりました。中国でもこのようにして、日々、新しいことばが生まれています。

目指すゴール 「これは○○です」と言う方法と質問の方法を覚えましょう。

2 漢字とピンインを見ながら、もう一度聞いてみましょう。 🎧 048

Zhè shì shén me ?
这 是 什么?

Zhè shì yǐ zi .
这 是 椅子。

Zhè shì yǐ zi ma ? Zhēn de ma ?
这 是 椅子 吗? 真 的 吗?

Shì a , fēi cháng fāng biàn .
是 啊, 非常 方便。

Shè jì yě hěn piào liang.
设计 也 很 漂亮。

Zhè shì wǒ de zuì `ài .
这 是 我 的 最爱。

3 音声を聞いて、ピンインと意味を確認しながら、単語を発音しましょう。 🎧 049

zhè 这	代 これ、それ	shì 是	動 (〜は) 〜である
yǐ zi 椅子	名 イス	ma 吗	助 〜か (疑問を表す)
zhēn 真	形 本当である 副 本当に	de 的	助 〜の
fēi cháng 非常	副 とても、非常に	fāng biàn 方便	形 便利である
shè jì 设计	名 デザイン、設計	piào liang 漂亮	形 美しい、きれいである
zuì `ài 最爱	名 大好きなもの、大切な もの、宝物	a 啊	助 〜だよ、〜だね (肯定、疑問、感嘆などを表す)

4 会話をゆっくり読みます。ピンイン、漢字を見ながら、
音声の後について読みましょう。 🎧 050

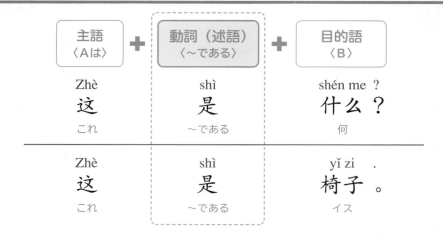

主語〈Aは〉	+	動詞（述語）〈～である〉	+	目的語〈B〉
Zhè 这 これ		shì 是 ～である		shén me ? 什么？ 何
Zhè 这 これ		shì 是 ～である		yǐ zi . 椅子。 イス

　「これは○○です」というふうに、「AはBである」、つまり「A＝B」と言いたいとき、述語に動詞"是"を使って、"A是B。"という形で表現します。

　この形を使うと、「わたしは日本人です」という文や、「わたしは会社員です」という文も作れます。また、上の例にあるように、目的語に疑問詞"什么"を入れると、「Aは何ですか？」という疑問文も作れます。

A + 是 + B
Wǒ　　shì　　Rì běn rén .
我　　是　　日本人。
わたし　～である　日本人
（わたしは日本人です。）

A + 是 + B
Tā　　shì　　Zhōng guó rén .
他　　是　　中国人。
彼　　～である　中国人
（彼は中国人です。）

Wǒ　　shì　　gōng sī zhí yuán .
我　　是　　公司 职员。
わたし　～である　会社員
（わたしは会社員です。）

Tā　　shì　　xué sheng .
她　　是　　学生。
彼女　～である　学生
（彼女は学生です。）

否定　否定する場合は、"是"の前に否定を表す"不"を置きます。
このとき、"是"の発音が第四声なので、"不"は第二声で「bú」と読みます。

A + 不 是 + B
Wǒ　bú shì　Měi guó rén .
我　不 是　美国人。
わたし　否定 である　アメリカ人
（わたしはアメリカ人ではありません。）

A + 不 是 + B
Tā　bú shì　lǎo shī .
他　不 是　老师。
彼　否定 である　先生
（彼は先生ではありません。）

052

1 次の絵について「これは何か」と質問し、答えてください。
簡体字とピンインを書きましょう。

1 　yuán zhū bǐ　圆珠笔（ボールペン）

質問：_____？

答え：_____。

2 　diǎn xin　点心（点心、お菓子）

質問：_____？

答え：_____。

3 mào zi　帽子（帽子）

質問：_____？

答え：_____。

 053

2 次の文を否定文にしてください。簡体字とピンインを書きましょう。

1 她是老师。▶▶▶
（彼女は先生です。）

_____

2 我是公司职员。▶▶▶
（わたしは会社員です。）

_____

3 他是日本人。▶▶▶
（彼は日本人です。）

_____

3 簡体字をなぞり書きしましょう。カッコ内の日本の漢字と比べて覚えてください。

　zhè（這）　　ài（愛）　　zhí（職）　　yuán（員）　　shī（師）

「AはBですか？」のように、「はい」か「いいえ」で答えられる質問をするときは、文の最後に"吗？"を付けます。

なお、中国語の疑問文は、必ず最後に"？"を付けます。

▌ **たずねる** ━━━━━━━━━━━━━━➤ **答える**

> 「はい」と答えるとき、"是啊。"（そうですよ）というように、"啊"などを付けると、やわらかい感じになります。
>
> 🎧 duì
> また、「はい」と答えるには、"是。"のほかに、"对。"もよく使います。
> "对"は「その通りである」という意味の形容詞で、同じように"对啊。"などとするとやわらかい感じになります。

ここで、"这"や"那"など、中国語の指示代名詞を整理しておきましょう。

日本語の指示代名詞には「これ、それ、あれ」の３種類がありますが、中国語の指示代名詞は、自分との距離によって２種類に分かれます。

	単数	複数	
手元のほど近いところにあるもの	zhè（※） 这 これ、それ	zhè xiē ／ zhèi xiē 这些 これら、それら	"些 xiē" は「いくつか」という意味で、複数を表します。 "这些""那些"の発音は２つのうち、どちらで読んでもかまいません。
自分から離れたところにあるもの／相手のほうにあるもの	nà（※） 那 それ、あれ	nà xiē ／ nèi xiē 那些 それら、あれら	

※"这"は「zhèi」、"那"は「nèi」と読むこともあります。

---

1 次の日本語の質問を中国語にし、指示に従って「はい」か「いいえ」かを 中国語で答えましょう。
055

1 彼女は会社員ですか？

質問：　　　　　　　　　　　　　　　　　　　？　　答え：いいえ

2 彼は先生ですか？

質問：　　　　　　　　　　　　　　　　　　　？　　答え：はい

3 あなたは医者［医生 yī shēng］ですか？

質問：　　　　　　　　　　　　　　　　　　　？　　答え：いいえ

---

2 次の日本語に合うように、中国語を正しい順番に並べてください。 絵を見ながら答えの音声を聞いて復唱しましょう。
056

1　　これはボールペンですか？
是 / 吗 / 圆珠笔 / 这

　　　　　　　　　　　　　　　　　　　　　　　　　　　　　　？

2　　わたしは中国人です。
中国人 / 是 / 我

　　　　　　　　　　　　　　　　　　　　　　　　　　　　　　。

3 　　彼は会社員ではなく、学生です。
不 / 他 / 公司职员 / 是 / 是 / 学生

　　　　　　　　　　　　　　　　　　　　　，　　　　　　　。

---

3 簡体字をなぞり書きしましょう。カッコ内の日本の漢字と比べて覚えてください。

 ma （一）　 duì （対）　 xiē （些）　 zhēn （真）　 yuán （円/圓）

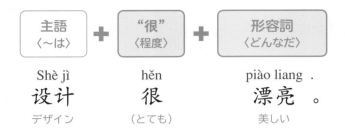

主語〈～は〉	"很"〈程度〉	形容詞〈どんなだ〉
Shè jì 设计 デザイン	hěn 很 (とても)	piào liang . 漂亮 。 美しい

「美しい」のような形容詞を使って、状態や状況、性質や気持ちなどを表す文の形です。日本語と同じ「主語〈～は〉＋形容詞〈どんなだ〉」という順番で表します。

ただ、日本語にはない次のような特徴があります。

特徴 1 ▶ 形容詞の前に程度を表す副詞 "很" を付ける

上の例文を見ると、形容詞 "漂亮" の前に "很" ということばが付いていますね。"很" は「とても」という意味で、程度を表す副詞です。

ところで、この "很" はちょっと特殊で、「とても」の意味を表さない場合があります。中国語では、形容詞の前に程度を表す副詞を付けないと、比較したり対照したりするニュアンスが出てしまうため、そうならないように "很" を付けて文を整えます。このとき "很" が持つ「とても」という意味はなくなります。

"很" がない ▶▶▶ Shè jì piào liang 设计 漂亮（，颜色 不 漂亮）。

「デザインは美しい（が、色は美しくない）」というような、余計なニュアンスが出てしまいます。

"很" が入る Shè jì hěn piào liang 设计 很 漂亮。

文が整い、「デザインは美しい」という意味を表せます。
このとき、"很" の「とても」という意味はなくなります。

では、「とても」と本当に言いたいときはどうすればいいのでしょうか。
話す場合、"很" を強調して言えば「とても」の意味を表現できます。
あるいは、"很" に代えて、「とても、非常に」という意味の "非常" や、「本当に、実に」という意味の "真" などを使えば表現できます。たとえば…

你的椅子 fēi cháng 非常 漂亮。（あなたのイスはとても美しい。）

你的椅子 zhēn 真 漂亮。（あなたのイスは本当に美しい。）

特徴 2 · 否定は形容詞の前に "不" を入れる

否定するには、形容詞の前に "不" を付けます。このとき "很" は不要です。

主語 ＋ 不 ＋ 形容詞

Yán sè　bú　piào liang .

颜色　不　漂亮　。

色　否定　美しい　（色は美しくない。）

特徴 3 · 過去のことでも同じ形

中国語の形容詞を使う文では、時制による形の変化がありません。

つまり、例文の "设计很漂亮。" は、「デザインは美しい」という現在のことも、「デザインは美しかった」という過去のことも表すことができます。

過去

デザインは美しかった。

◀ Shè jì　hěn　piào liang .
设计 很 漂亮 。▶

現在

デザインは美しい。

英語のように時制による変化を覚えなくていいので、楽ちんですね！（笑）
ただ、現在のことか過去のことかを見分けるには、前後の文脈から判断するしかありません（汗）。
ちなみに、日本語は「美しい」「美しかった」と変わるので、中国人にとってはとても難しいです。

▌ 練習 ▐

次の日本語を中国語にしましょう。また、それぞれの否定文も書きましょう。
答えの音声を聞いて復唱してください。

058

1 天気［天气 tiān qì］が良い。

_____　否定文：_____

2 仕事［工作 gōng zuò］が忙しい［忙 máng］。

_____　否定文：_____

3 わたしはうれしかった。

_____　否定文：_____

4 わたしはたいへん緊張している［紧张 jǐn zhāng］。

_____　否定文：_____

5 母［妈妈 mā ma］はさびしい［寂寞 jì mò］。

_____　否定文：_____

ロールプレイ　本文の内容を思い出しながら、次のことを話しましょう。

① これは何かたずねる。

② イスだと答える。

③ （イスに見えないので）これはイス？　本当に？と反応する。

④ そうだ、便利なんだと答える。

⑤ デザインが美しいとほめる。

⑥ 感謝して、自分の宝物だと言う。

練習問題　次の日本語を中国語にしてください。簡体字とピンインを書きましょう。

① これは何ですか？

_____

② これは椅子です。

_____

③ これは椅子ですか？

_____

④ 本当ですか？

_____

⑤ たいへん便利です。

_____

⑥ デザインも美しいです。

_____

⑦ これはわたしの宝物です。

_____

⑧ 彼は学生ですか？

_____

⑨ わたしは日本人ではありません。

_____

⑩ 色がきれいではありません。

_____

教えて！
小老師　次の質問に答えられますか？
　　　　答えられたら、この課の内容をマスターできています！

❶ "是" は、日本語の「は」ですか？
❷ "是" の否定文は、どのようになりますか？
❸ Yes か No かで答えてほしいときには、文末に何を付けますか？
❹ 中国語の形容詞の肯定文には、どうしてよく "很" などを付けるのでしょうか？
❺ 形容詞の否定は、どのように表現しますか？
❻ 中国語の形容詞にも日本語の形容詞のような語尾変化（過去形など）がありますか？

学習評価表　"量変到质变"…量の変化から質の変化が起こる学習の成果を自分で確認し、歩みを確実なものにしましょう。

読む回数	ピンインを見ながら読む	漢字だけを見て読む	日本語を見て中国語で言う
1			
2			
3			
4			
5			
6			
N			

5・7・5のリズムで中国語を楽しもう！ **五七五 三行日記**
◇◇◇◇◇◇◇

shè jì　hěn piào liang　　fēi cháng fāng biàn zhēn　shū fu　　shì wǒ de　zuì ài
设计 很 漂亮　　非常 方便 真 舒服　是 我 的 最爱
（デザインがきれいで、とても便利でほんとに気持ちいい、これはわたしの宝物。）

[舒服 shū fu 形 気持ち良い、気分が良い]

51

第3課　彼女は誰ですか？

1 鈴木さんは劉さんの友達についてたずねています。
ピンインと日本語訳を見ながら、音声を聞いてみましょう。

 Tā shì shéi？
（彼女は誰ですか？）

 Tā shì wǒ péng you.
（彼女はぼくの友達です。）

 Tā shì yǒu míng de gē shǒu a.
（彼女は有名な歌手ですよ。）

 Shì a， tā shì wǒ de lǎo péng you.
（そうですよ、彼女はぼくの昔からの友達です。）

 Zhēn xiàn mù！
（なんてうらやましい！）

ワンポイント

　　　この課まで、会話の文の日本語訳は、会ってまだそれほど時間が経っていないということで、「です・ます調」にしています。この課の文を親しい友人として普通の口調に訳すと、中国語はそのままで「彼女は誰？」「彼女はぼくの友達さ。」「彼女は有名な歌手だよ！」「そうさ、彼女はぼくの昔からの友達なんだ。」「なんてうらましい！」というように訳せます。
　日本語の文では二人の関係によって、口調を変えたり、敬語を使ったり、また、性別によって語尾を変えたりしますが、中国語の日常会話の文では"你"と"您"を使い分ける程度で、日本語のような区別はほぼありません。次の課からは、中国語の直訳に基づきながらも、親しい友人の会話としてできるだけ自然な日本語に訳していきますので、雰囲気を感じてみてください。

2 漢字とピンインを見ながら、もう一度聞いてみましょう。 060

Tā shì shéi?
她 是 谁?

Tā shì wǒ péng you.
她 是 我 朋友。

Tā shì yǒu míng de gē shǒu a.
她 是 有名 的 歌手 啊。

Shì a, tā shì wǒ de lǎo péng you.
是 啊, 她 是 我 的 老 朋友。

Zhēn xiàn mù!
真 羡慕!

3 音声を聞いて、ピンインと意味を確認しながら、単語を発音しましょう。 061

tā 她	代 彼女	shéi ／ shuí 谁	疑 誰
péng you 朋友	名 友達	yǒu míng 有名	形 有名である
gē shǒu 歌手	名 歌手	lǎo 老	形 昔ながらの、もとからの、年をとっている
lǎo péng you 老朋友	名 旧友、昔からの友達	xiàn mù 羡慕	形 うらやましい 動 うらやむ

"谁" は「shéi」と「shuí」の2つの読み方があり、どちらで読んでもかまいませんが、「shéi」と読む人が多いようです。

4 会話をゆっくり読みます。ピンイン、漢字を見ながら、音声の後について読みましょう。 062

第1課、第2課で出てきた"什么"や、この課で出てきた"谁"などは、人やもの、数や場所、時間などを具体的にたずねるときに使う疑問詞です。

　中国語のよく使う疑問詞で、まず覚えておきたいものには、次のものがあります。使い方は、第1課で少しお話ししたように、たずねたい事柄のところに疑問詞を入れるだけです。日本語と同じですね。

shén me 什么	疑 何、どんな [→ P.38]	shéi／shuí 谁	疑 誰
nǎ 哪	疑 どれ	jǐ 几	疑 いくつ、いくら [→ P.65、67]
shén me shí hou 什么 时候	疑 いつ [→ P.81]	wèi shén me 为什么	疑 なぜ [→ P.100]
nǎ ge／něi ge 哪个	疑 どの	nǎr 哪儿／nǎ li 哪里	疑 どこ [→ P.76、79]

"哪个"は「nǎ ge」と「něi ge」のどちらで読んでもかまいません。
「どこ」は"哪儿 nǎr"と"哪里 nǎ li"のどちらの言い方もできます。どちらかというと、"哪儿"は北京などの中国北部で、"哪里"は上海や広州などの中国南部でよく使われる傾向があります。

┃ たずねる

Tā shì shéi ?
他　是　谁 ？
彼　〜である　誰
（彼は誰ですか？）

Shéi shì Lǐ xiān sheng ?
谁　是　李 先生 ？
誰　〜である（男性の）李さん
（誰が李さんですか？）

┃ 答える

Tā shì Lǐ xiān sheng .
他　是　李 先生 。
彼　〜である（男性の）李さん
（彼は 李さん です。）

Tā shì Lǐ xiān sheng .
他　是　李 先生 。
彼　〜である（男性の）李さん
（彼 が李さんです。）

　疑問詞を使った疑問文は、第2課で学んだ"吗"の疑問文とはまた違う種類の疑問文です。日本語ではどちらも文末に「〜か」が付きますが、中国語の疑問詞を使った疑問文には「〜か」にあたる"吗"は付けないので注意しましょう。

Tā shì shéi ma ?
他 是 谁 吗 ？

「？」はどの疑問文にも付けます。
忘れないでくださいね！

練習

```
1
```
次の日本語の質問を中国語にし、それぞれに最もふさわしい答えを、下の候補 A ～ F の中から1つずつ選んでください。答えの音声を聞いて復唱しましょう。

🎧 064

1 彼は誰ですか？

質問： ? 答え：

2 誰が日本人ですか？

質問： ? 答え：

3 これは何ですか？

質問： ? 答え：

4 わたしは誰ですか？

質問： ? 答え：

5 ここ［这儿 zhèr］はどこですか？

質問： ? 答え：

6 あなたは日本人ですか？

質問： ? 答え：

第3課

┌─ 答えの候補 ─────────────────────────────────┐

A.
Zhè shì kuài zi.
这 是 筷子。（これは箸です。）

B.
Zhèr shì Gù gōng.
这儿 是 故宫。（ここは故宮です。）

C.
Tā shì wǒ péng you.
他 是 我 朋友。（彼はわたしの友達です。）

D.
Nǐ shì nǐ.
你 是 你。（あなたはあなたです。）

E.
Tā shì Rì běn rén.
她 是 日本人。（彼女は日本人です。）

F.
Wǒ shì Rì běn rén.
我 是 日本人。（わたしは日本人です。）

└───┘

```
2
```
簡体字をなぞり書きしましょう。カッコ内の日本の漢字と比べて覚えてください。

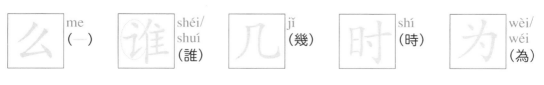

么 me (一)	谁 shéi/shuí (誰)	几 jǐ (幾)	时 shí (時)	为 wèi/wéi (為)

苦中楽あり、楽はその中にあり

日本語の「〜の」にあたる中国語が"的"です。その使い方を見てみましょう。

1 ▶ 名詞と名詞をつなぐ

"○○的××" の形で、「○○の××」と言うことができます。

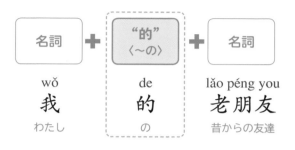

wǒ	de	shǒu jī	nǐ	de	pí bāo	yǐ zi	de	zhào piàn
我	的	手机	你	的	皮包	椅子	的	照片
わたし	の	スマホ	あなた	の	かばん	イス	の	写真

2 ▶ 形容詞と名詞をつなぐ

まったく同じ形で、形容詞と名詞をつないで「○○な××」「○○い××」を表します。

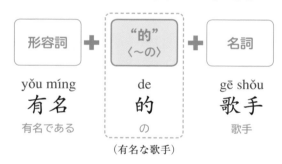

（有名な歌手）

gāo xìng	de	shì	piào liang	de	yīng huā	xiàn mù	de	rén
高兴	的	事	漂亮	的	樱花	羡慕	的	人
うれしい	の	こと	美しい	の	桜	うらやましい	の	人
（うれしいこと）			（美しい桜）			（うらやましい人）		

> 中国の店の看板で、日本語の「の」が書かれているものがあります。それはこの"的"を
> 表しています。異国情緒を出したり、デザイン的に印象づける効果があるようです。
> また、日本語に慣れていない中国人が日本語を話すとき、「の」がたくさん出てくること
> がありますが、この"的"の影響でしょうね。

3 ▶ 動詞と名詞をつなぐ　…次の機会に学習します。

"的" は省略できる場合があります

"的" は省略することがよくあります。省略できるのは、主に次のような場合です。

1 名詞と名詞をつなぐ "的" を省略できるとき

次の名詞について、「ある人の～」と言うとき、「ある人」と「対象となるもの」との関係を考えてみましょう。

① 物グループ　　　例：手机（スマホ）、皮包（かばん）、书（本）
② 人グループ　　　例：爸爸（お父さん）、朋友（友達）、同事（同僚）
③ 所属先グループ　例：家（家）、公司（会社）

①の「物」グループは、「ある人が持っている～」という所有関係です。この場合は、必ず "的" を使います。

| wǒ | de | shǒu jī | | nǐ | de | pí bāo | | tā | de | shū |
| 我 | 的 | 手机 | | 你 | 的 | 皮包 | | 她 | 的 | 书 |

わたしが持っているスマホ　　　あなたが持っているかばん　　　彼女が持っている本

②の「人」グループと③の「所属先」グループは、「持っている」という所有関係ではないので、"的" を省略してかまいません。

| wǒ | | bà ba | | nǐ | | péng you | | tā | | tóng shì |
| 我 | （的） | 爸爸 | | 你 | （的） | 朋友 | | 他 | （的） | 同事 |

わたしのお父さん　　　　あなたの友達　　　　　彼の同僚

| wǒ | | jiā | | wǒ men | | gōng sī |
| 我 | （的） | 家 | | 我们 | （的） | 公司 |

わたしの家　　　　　　わたしたちの会社

> ある人が、「わたしの会社」と言うつもりで "我的公司" と言ったところ、中国人が「わたしが持っている会社」と思った、という話があります。一般社員が「わたしの会社」という場合は、一般的には "我们公司" と言いますね。
> とはいえ、重点の置き方、前後の文脈やことばのリズムなどによって、入れたり入れなかったりするので、ゆるく考えてだいじょうぶです。

また、文脈の中で、"的" が指すものがはっきりしている場合は、日本語と同じように、それが指す名詞を省略することもでき、「～のもの」という意味を表すことができます。

日本語：　これはわたしのかばんで、あれは彼の（もの）です。　　　［かばん］

中国語：　Zhè shì wǒ de pí bāo, nà shì tā de.
　　　　　这 是 我 的 皮包，那 是 他 的。　　　［皮包］

形容詞の場合は、形容詞の文字数（＝音節の数）によって決まります。

①形容詞が1文字（1音節）の場合、"的"はふつう省略します。

lǎo　péng you
老　朋友
（昔からの友達）

xīn　tóng xué
新　同学
（新しい級友（新入生））

hǎo　jī hui
好　机会
（良い機会）

②形容詞が2文字（2音節）の場合は、"的"は省略しません。

yǒu míng　de　rén
有名　的　人
（有名な人）

yú kuài　de　yì tiān
愉快　的　一天
（楽しい1日）

qīn qiè　de　lǎo shī
亲切　的　老师
（親切な先生）

③形容詞の前に副詞などの修飾語が付く場合、形容詞が何文字でも"的"は省略しません。

hěn　hǎo　de　xué sheng
很　好　的　学生
（（とても）良い学生）

fēi cháng　yú kuài　de　yì tiān
非常　愉快　的　一天
（たいへん楽しい1日）

④「多い」という意味の"多"は、単独では名詞とつなげられず、"很"などを付けて使います。このとき、"的"は省略してもかまいません。

hěn　duō　（的）　rén
很　多　（的）　人
（（とても）多くの人）

> つまり原則としては、形容詞と名詞をつなぐとき、名詞を説明する部分（形容詞、修飾語＋形容詞）が2文字以上なら、"的"を使うということですね。

本来は"○○的××"なのですが、それ自体が普遍的に使われることから、"的"を省略した形で1つのことばと認識されているものもあります。たとえば…

Zhōng guó　dì tú
中国　地图
（中国の地図＝中国地図）

Rì běn　lǎo shī
日本　老师
（日本人の先生＝日本人教師）

hǎo　péng you
好　朋友
（いい友達＝親友）

"老朋友"も、「昔からの友達」「ずっと前からの友達」＝「旧友」という意味で、すでに1つのことばとなっているものです。

1 　次の日本語を中国語にしましょう。答えの音声を聞いて復唱してください。

1 これはわたしのかばんです

_____。

2 彼は有名な歌手です。

_____。

3 彼はわたしの父です。

_____。

第3課

2 　次の日本語に合うように、中国語を正しい順番に並べてください。
絵を見ながら答えの音声を聞いて復唱しましょう。

1

これは好機（良い機会）です。

机会 / 这 / 好 / 是

_____。

2

今日［今天 jīn tiān］は非常に楽しい１日です。

今天 / 愉快 / 非常 / 的 / 一天 / 是

_____。

3
あなたはすばらしい学生です。

学生 / 是 / 你 / 好 / 很 / 的

_____。

3 　簡体字をなぞり書きしましょう。カッコ内の日本の漢字と比べて覚えてください。

 bāo（包）　 xìng/xīng（興）　亮 liàng（亮）　 qīn（親）　 tú（図）

ロールプレイ 本文の内容を思い出しながら、次のことを話しましょう。

① 彼は誰かたずねる。

② 友達だと答える。

③ 有名な歌手だね、と言う。

④ そう、昔からの友人だと答える。

⑤ うらやましい！と言う。

練習問題 次の日本語を中国語にしてください。簡体字とピンインを書きましょう。

① 彼女は誰ですか？

_____

② 彼女はわたしの友達です。

_____

③ 彼女は有名な歌手ですね。

_____

④ 彼女はぼくの昔からの友人です。

_____

⑤ 本当にうらやましい。

_____

⑥ 誰が李先生ですか？

_____

⑦ これはわたしのかばんです。

_____

⑧ それは良い機会です。

_____

⑨ 彼はすばらしい学生です。

_____

⑩ たいへん愉快な1日です。

_____

次の質問に答えられますか？
答えられたら、この課の内容をマスターできています！

❶ 疑問詞疑問文（何、誰、どこ…の疑問文）にも"吗"を使いますか？
❷ 日本語と同じように聞きたいところを「疑問詞」に入れ替えるだけでいいですか？
❸ 名詞で名詞を修飾するとき、どんな場合に"的"を省略できますか？
❹ 形容詞で名詞を修飾するとき、どんな場合に必ず"的"が必要ですか？
❺ 「すばらしい学生」は、中国語でどのように表現しますか？
❻ 「日本人の先生」と言いたいとき、どう言えばいいですか？

学習評価表　"量変到质変"…量の変化から質の変化が起こる学習の成果を自分で確認し、歩みを確実なものにしましょう。

読む回数	ピンインを見ながら読む	漢字だけを見て読む	日本語を見て中国語で言う
1			
2			
3			
4			
5			
6			
N			

5・7・5のリズムで中国語を楽しもう！ 五七五 三行日記

◇◇◇◇◇◇◇

qǐng wèn tā shì shéi　　tā shì wǒ de lǎo péng you　　yǒu míng de gē shǒu
请 问 她 是 谁　她 是 我 的 老 朋 友　有 名 的 歌 手

（すみません彼女は誰ですか？　彼女はわたしの旧友、有名な歌手です。）

学んだことをまとめます。きちんと覚えたか確認しましょう！

最重要文型

中国語の文の最も基本的な形です。特に、「動詞＋目的語」という順番が、ほとんど
の中国語の基本となりますので、しっかりマスターしましょう。

Nǐ	jiào	shén me míng zi ?
你	叫	什么 名字 ？

（あなたは何というお名前ですか？）

Wǒ	jiào	Líng mù Ài zǐ .
我	叫	铃木 爱子 。

（わたしは鈴木愛子といいます。）

Wǒ	chī	lā miàn .
我	吃	拉面 。

（わたしはラーメンを食べます。）

Zhè	shì	yǐ zi .
这	是	椅子 。

（これはイスです。）

Zhè	shì	yǐ zi	ma ?
这	是	椅子	吗 ？

（これはイスですか？）

Zhè	bú	shì	yǐ zi .
这	不	是	椅子 。

（これはイスではありません。）

Tā	shì	shéi ?
她	是	谁 ？

（彼女は誰ですか？）

Tā	shì	yǒu míng de gē shǒu .
她	是	有名 的 歌手 。

（彼女は有名な歌手です。）

◆形容詞の文：| 主語 |＋| "很"／程度を表す副詞 |＋| 形容詞 |

> 程度を表す副詞 "很" の役割と、入れなければどうなるかについて確認しましょう。
> 同じ形で、過去のことも現在のことも表すことができることも確認しましょう。

◆ "的" の使い方：| 名詞 |＋| "的" |＋| 名詞 | ／| 形容詞 |＋| "的" |＋| 名詞 |

> それぞれについて、どのような場合に "的" を省略できるかを確認しましょう。

◆否定の方法：

◆「〜ですか？」の疑問文：　　左のページの文章で使い方の確認を。

◆疑問詞を使った疑問文：

こんなとき何と言う？

本文で出てきた、いろいろなシチュエーションのセリフを覚えていますか？
次の場面の言葉を、はっきり思い出せたら〇、ちょっとあいまいなら△、思い出せなかったら×を
付けて自己評価してみましょう。

	1回目	2回目	3回目
第1課			
□ あいさつして、自分の名前を名乗る。	（　　）	（　　）	（　　）
□ 相手の名前をたずねる。	（　　）	（　　）	（　　）
□ 知り合えてうれしいと伝える。	（　　）	（　　）	（　　）
□ 知り合えてわたしもうれしいと伝える。	（　　）	（　　）	（　　）
第2課			
□ これは何かたずねる。	（　　）	（　　）	（　　）
□ イスだと答える。	（　　）	（　　）	（　　）
□ （イスに見えないので）イス？　本当に？と反応する。	（　　）	（　　）	（　　）
□ そうだ、便利なんだと答える。	（　　）	（　　）	（　　）
□ デザインが美しいとほめる。	（　　）	（　　）	（　　）
□ 宝物なんだと答える。	（　　）	（　　）	（　　）
第3課			
□ 彼女は誰かたずねる。	（　　）	（　　）	（　　）
□ 友達だと答える。	（　　）	（　　）	（　　）
□ 有名な歌手だよ、と言う。	（　　）	（　　）	（　　）
□ そう、古い友人だと答える。	（　　）	（　　）	（　　）
□ うらやましい！と言う。	（　　）	（　　）	（　　）

1 鈴木さんは劉さんの誕生日を聞いて、お祝いを言っています。
ピンインと日本語訳を見ながら、音声を聞いてみましょう。

069

 Nǐ de shēng rì shì jǐ yuè jǐ hào ?
（あなたの誕生日は何月何日？）

 Yī yuè shí wǔ hào .
（1月15日だよ。）

 Zhè ge xīng qī liù a . Zhù nǐ shēng rì kuài lè !
（今週の土曜日だね。誕生日おめでとう！）

 Xiè xie !
（ありがとう！）

 Wǒ men qù cān tīng chī fàn ba .
（わたしたちレストランへ行ってご飯を食べよう。）

Nǐ xiǎng chī shén me ? Wǒ qǐng kè .
（あなたは何を食べたい？　わたしがごちそうするよ。）

 Tài hǎo le ! Wǒ xiǎng chī cháng shòu miàn !
（やったぁ！　ぼくは長寿麺を食べたいな！）

ワンポイント

"祝 zhù…" は「〜でありますように」という意味で、お祝いのことばによく使います。たとえば、

　　祝 身体健康！ Zhù shēng tǐ jiàn kāng !（健康でありますように）

　　祝 万事如意！ Zhù wàn shì rú yì !（すべて順調に思い通りに進みますように）

　　乾杯の際にこれらのことばを添えると、より心が通じ合えますよ！

目指すゴール | 食事などに誘い、希望をたずねる表現を覚えましょう。

2 漢字とピンインを見ながら、もう一度聞いてみましょう。 069

Nǐ de shēng rì shì jǐ yuè jǐ hào ?
你 的 生日 是 几 月 几 号?

Yī yuè shí wǔ hào .
一 月 十五 号。

Zhè ge xīng qī liù a . Zhù nǐ shēng rì kuài lè !
这个 星期六 啊。 祝 你 生日 快乐!

Xiè xie !
谢谢!

Wǒ men qù cān tīng chī fàn ba .
我们 去 餐厅 吃 饭 吧。

Nǐ xiǎng chī shén me ? Wǒ qǐng kè .
你 想 吃 什么? 我 请客。

Tài hǎo le ! Wǒ xiǎng chī cháng shòu miàn!
太 好 了! 我 想 吃 长寿面!

3 音声を聞いて、ピンインと意味を確認しながら、単語を発音しましょう。 070

shēng rì 生日	名 誕生日	jǐ 几	疑 いくつ、いくら	
yuè 月	名 ～月	hào 号	量 ～日	
zhè ge ／ zhèi ge 这个	代 この、その	xīng qī 星期	名 週、曜日	
zhù 祝	動 祝う、祈る、願う	kuài lè 快乐	形 楽しい、愉快である、 幸せである	
shēng rì kuài lè 生日 快乐	誕生日おめでとう	qù 去	動 行く	
cān tīng 餐厅	名 レストラン	chī 吃	動 食べる	
fàn 饭	名 ご飯、食事	ba 吧	助 ～しよう、～だろう (勧誘、提案、推測などを表す)	
xiǎng 想	助動 ～したい 動 思う	qǐng kè 请客	動 ごちそうする	
tài le 太…了	たいへん～である、 ～すぎる	cháng shòu miàn 长寿面	名 誕生日のお祝いに食べ る麺	

4 会話をゆっくり読みます。ピンイン、漢字を見ながら、
音声の後について読みましょう。 071

072

1　年、月、日

「年」は中国では基本的に西暦で言います。読む時は数字をひとつずつ読みます。
「月」と「日」は日本語と同じですが、「日」は会話ではよく "号 hào" と言います。

2021年1月15日	èr líng èr yī 二零二一	nián 年	yī 一	yuè 月	shí wǔ 十五	hào 号
1949年10月1日	yī jiǔ sì jiǔ 一九四九	nián 年	shí 十	yuè 月	yī 一	hào 号

「～日」は "日 rì" とも言います。こちらは書き言葉として使うことが多いです。
年月日と曜日の中にある "一" は、どれも第一声のままで「yī」と発音します。

2　曜日　中国語では曜日にも数字を使います。日曜日だけ数字を使いません。

xīng qī yī 星期一	xīng qī 'èr 星期二	xīng qī sān 星期三	xīng qī sì 星期四	xīng qī wǔ 星期五	xīng qī liù 星期六
月曜日	火曜日	水曜日	木曜日	金曜日	土曜日

xīng qī tiān　xīng qī rì
星期天 / 星期日
日曜日

話すときには "星期天" を使うことが
多いです。

3　先週・今週・来週、昨日・今日・明日、去年・今年・来年

shàng (ge) xīng qī 上（个）星期 先週	zhè (ge) xīng qī 这（个）星期 今週	xià (ge) xīng qī 下（个）星期 来週
zuó tiān 昨天 昨日	jīn tiān 今天 今日	míng tiān 明天 明日
qù nián 去年 去年	jīn nián 今年 今年	míng nián 明年 来年

"上（个）"、"这（个）"、"下（个）" はそれぞれ、「前の・先の」、「この・今の」、「次の」という意
味を表します。会話スキットに出てきた "这（个）星期六" は「この・今週の土曜日」の意味です。
もし「先週の土曜日」なら "上（个）星期六"、「来週の土曜日」なら "下（个）星期六" と言います。
なお、"个" は省略してかまいません。

4 「○月○日です」の肯定形、否定形、疑問形

Jīn tiān （shì） èr yuè qī hào xīng qī sì .
今天 （是） 二 月 七 号 星期 四 。
今日　である　2　月　7　日　木曜日
（今日は2月7日木曜日です。）

肯定文では、"是"はよく省略されます。

（祭日などをはっきり説明したいときは"是"を使うことが多いです。）

否定

Jīn tiān bú shì xīng qī sì .
今天 不是 星期 四 。
今日　ではない　木曜日
（今日は木曜日ではありません。）

否定する場合、"是"は省略せず、必ず**"不是"**で否定します。

疑問

Jīn tiān （shì） xīng qī sì ma ?
今天 （是） 星期 四 吗 ？
今日　である　木曜日　か
（今日は木曜日ですか？）

疑問文では、"是"は省略できますが、入れることが多いです。

Jīn tiān （shì） jǐ yuè jǐ hào xīng qī jǐ ?
今天 （是） 几 月 几 号 星期 几 ？
今日　である　何　月　何　日　何曜日
（今日は何月何日何曜日ですか？）

「何月」「何日」「何曜日」とたずねるには、数をたずねる疑問詞"几"を使います。

『三国志』の「桃園の誓い」の名ゼリフ、「願わくば同年同月同日に死せん」は、中国語で"但愿同年同月同日死。"と言います。

練習

次の日本語に合うように空欄に中国語をうめましょう。答えの音声を聞いて復唱してください。

073

1 今日は3月8日です。

Jīn tiān
今天 _____ 。

2 来週の火曜日は何日ですか？

shì jǐ hào
_____ 是 几 号 ？

3 端午節は何月何日ですか？

Duān wǔ jié shì
端午节 是 _____ ？

4 中秋節は陰暦8月15日です。

Zhōng qiū jié shì nóng lì
中秋节 是 农历 _____ 。

5 2月14日はバレンタインデーです。

shì Qíng rén jié
_____ 是 情人节 。

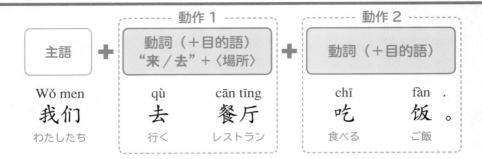

「わたしたちはレストランへ行ってご飯を食べる」のように、1つの主語に対して2つ以上の動作が連続する文を「連動文」といいます。

日本語なら「レストランへ行ってご飯を食べる」とも、「ご飯を食べにレストランへ行く」とも言うことができますが、中国語では「レストランへ行く」→「ご飯を食べる」というように、必ず動作を行う時間的な順番に従って並べ、逆にはできません。

ここに挙げた例文はすべて、「ご飯を食べに［動作2］レストランへ行く［動作1］」のように、動作2が動作1の目的を表しています。このような場合、動作1には、"去""来 lái（来る）""回 huí（戻る、帰る）"などの、移動を表す動詞がよく使われます。

また、動作1の目的語（場所）がない場合、日本語にすると「〜しに行く」（〜しに来る、〜しに帰る）となります。

否定 否定する場合は、動作1の動詞の前に"不"を付けて表します。

練習

1　次の絵に合うように、中国語の文を作りましょう。
　　答えの音声を聞いて復唱してください。　🎧 075

1

Wǒ men
我们 _____ 。

2

Tā
他 _____ 。

3

Gē ge　　　　　　　　　　tú shū guǎn
哥哥 _____ 图书馆 _____ 。
（兄）　　　　　　　　　　　（図書館）

2　次の日本語に合うように、中国語を並び替えて正しい文にしてください。
　　答えの音声を聞いて復唱しましょう。　🎧 076

1 わたしは中国語を習いに学校へ行く。　　汉语 / 去 / 我 / 学 / 学校

_____ 。

2 わたしは水泳に行く。　　去 / 游泳 / 我

_____ 。

3 わたしは家に帰って食事をする。　　吃 / 回 / 我 / 家 / 饭

_____ 。

4 彼は会社に出勤［上班 shàng bān］してこない。　　来 / 他 / 公司 / 上班 / 不

_____ 。

第4課

主語〈〜は〉	+	"想"〈〜たい〉 助動詞	動詞(述語)〈〜する〉	+	目的語〈〜を〉
Wǒ 我 わたし		xiǎng 想 〜たい	chī 吃 食べる		cháng shòu miàn 长寿面 。 長寿麺

「〜したい」というふうに、希望や願望を伝えるには、動詞の前に "想" を付けます。

この「〜したい」のほか、「〜できる」、「〜しなければならない」などの意味を付け加える語が助動詞です。能力や願望を表すため、「能願動詞(のうがん)」ともいいます。

主語 + 想 動詞 + 目的語

Wǒ xiǎng kàn diàn yǐng .
我 想 看 电影 。
わたし 〜たい 見る 映画
(わたしは映画を見たい。)

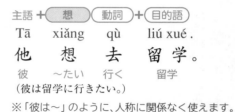

主語 + 想 動詞 + 目的語

Tā xiǎng qù liú xué .
他 想 去 留学 。
彼 〜たい 行く 留学
(彼は留学に行きたい。)
※「彼は〜」のように、人称に関係なく使えます。

助動詞は連動文に使うこともできます。連動文では動作1の前に置きます。

主語 + 想 動作1 + 動作2

Wǒ xiǎng huí jiā xiū xi .
我 想 回家 休息 。
わたし 〜たい 家に帰る 休む
(わたしは家に帰って休みたい。)

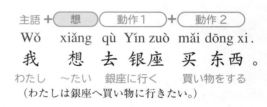

主語 + 想 動作1 + 動作2

Wǒ xiǎng qù Yín zuò mǎi dōng xi .
我 想 去 银座 买 东西 。
わたし 〜たい 銀座に行く 買い物をする
(わたしは銀座へ買い物に行きたい。)

"想" は「思う、考える」という意味で、動詞としても使います。たとえば…

 我 想 办法 。(わたしは方法を考える。) ※"办法 bàn fǎ"「方法」

我 想 你 。(わたしはあなたを思う。＝あなたが恋しい。)

你 想 家 吗？(あなたは家が恋しいですか＝ホームシック？)

否定 否定する場合は、"想" の前に否定を表す "不" を置きます。

主語 + 不 想 動詞 + 目的語

Wǒ bù xiǎng hē kā fēi .
我 不 想 喝 咖啡 。
わたし 否定 〜たい 飲む コーヒー
(わたしはコーヒーを飲みたくない。)

"想" は第三声なので、"不" の声調は変わらず第四声「bù」で読みます。

「〜か？」とたずねる "吗" や、"什么" などの疑問詞を使って質問できます。

たずねる

Nǐ xiǎng hē kā fēi ma ?
你 想 喝 咖啡 吗 ？
あなた 〜たい 飲む コーヒー 〜か
（あなたはコーヒーを飲みたいですか？）

Nǐ xiǎng hē shén me ?
你 想 喝 什么 ？
あなた 〜たい 飲む 何
（あなたは何を飲みたいですか？）

答える

Xiǎng (hē).
想 （喝）。
〜たい 飲む
（はい。）

Bù xiǎng (hē).
不 想 （喝）。
否定 〜たい 飲む
（いいえ。）

Wǒ xiǎng hē pí jiǔ .
我 想 喝 啤酒 。
わたし 〜たい 飲む ビール
（わたしはビールを飲みたいです。）

練習

次の絵に合うように中国語の文を作りましょう。答えの音声を聞いて復唱してください。

 078

1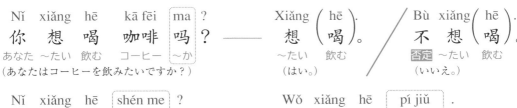
わたしは中国映画を見たいです。

　　　　　　　　　　　　　　　　　　　　　　　　　　　　。

2
お父さんはご飯を食べたくありません。

　　　　　　　　　　　　　　　　　　　　　　　　　　　　。

3
あなたは何を食べたいですか？

　　　　　　　　　　　　　　　　　　　　　　　　　　　　？

4
わたしはビールを飲みたくありません。

　　　　　　　　　　　　　　　　　　　　　　　　　　　　。

ロールプレイ　本文の内容を思い出しながら、次のことを話しましょう。

① 相手の誕生日を聞く。
② 1 月 15 日だと答える。
③ 今週の土曜日だね？と確認し、おめでとう！と言う。
④ お礼を言う。
⑤ レストランへ誘い、食べたいものをたずねる。
⑥ 喜んで、長寿麺が食べたいと答える。

練習問題　次の日本語を中国語にしてください。簡体字とピンインを書きましょう。

① あなたの誕生日は何月何日？

_____

② 今週の土曜日だね。

_____

③ 誕生日おめでとう！

_____

④ わたしたちはレストランへ行ってご飯を食べよう。

_____

⑤ あなたは何を食べたい？

_____

⑥ わたしがごちそうするよ。

_____

⑦ やったぁ！

_____

⑧ わたしは長寿麺を食べたい。

_____

⑨ わたしは紅茶を飲みたくない。

_____

⑩ 彼は家に帰ってご飯を食べません。

_____

教えて！
小老師　次の質問に答えられますか？
答えられたら、この課の内容をマスターできています！

❶ 中国語では、月曜日から日曜日まですべて"星期"＋数字で表しますか？
❷「今日は火曜日ではありません」は、中国語で何と言いますか？
❸「〜へ行って〜する」と言いたいとき、中国語ではどんな順番で並べますか？
❹「〜をしに行かない」と言いたいとき、中国語ではどう表現しますか？
❺「〜したい」「〜したがっている」は、中国語ではどう表現しますか？
❻「〜したくない」は、中国語でどう言いますか？

第4課

| 学習評価表 | "量変到质変"…量の変化から質の変化が起こる学習の成果を自分で確認し、歩みを確実なものにしましょう。 |

読む回数	ピンインを見ながら読む	漢字だけを見て読む	日本語を見て中国語で言う
1			
2			
3			
4			
5			
6			
N			

5・7・5のリズムで中国語を楽しもう！ 五七五 三行日記
◇◇◇◇◇◇◇

zhù shēng rì kuài lè　xiǎng chī shén me wǒ qǐng kè　xiè xie tài hǎo le
祝 生 日 快乐　想 吃 什么 我 请客　谢谢 太 好 了
（誕生日おめでとう。何が食べたいごちそうするよ。ありがとう、やったぁ！）

1 劉さんと鈴木さんは、誕生日会の場所と時間について話しています。
ピンインと日本語訳を見ながら、音声を聞いてみましょう。

080

 Nà ge cān tīng zài nǎr ?
（そのレストランはどこにある？）

 Zài Sè gǔ . Kě hǎo chī le !
（渋谷にあるよ。とってもおいしいんだよ！）

 Wǒ tài gāo xìng le !
（ほんとにうれしいな！）

 Wǒ men zài Bā gōng xiàng qián jiàn , hǎo ma ?
（わたしたちハチ公像の前で会おう、いい？）

 Hǎo, jǐ diǎn ne ?
（いいよ、何時に？）

 Wǎn shang liù diǎn ba . Bú jiàn bú sàn !
（夜6時にしよう。来るまで待ってるよ！）

ワンポイント

　最後の鈴木さんのセリフにある"不见不散！"は、直訳すると「会わなければ帰らない」、つまり「会うまで待っているよ！」という意味で、待ち合わせの約束をしたときなどにとてもよく使われる決まり文句です。携帯電話のなかった時代の名残ではありますが…（笑）。ぜひ使ってみましょう！

2 漢字とピンインを見ながら、もう一度聞いてみましょう。 080

Nà ge　cān tīng　zài　nǎr ?
那个 餐厅 在 哪儿?

Zài　Sè gǔ .　Kě　hǎo chī　le !
在 涩谷。 可 好吃 了!

Wǒ　tài　gāo xìng　le !
我 太 高兴 了!

Wǒ men　zài　Bā gōng xiàng　qián　jiàn,　hǎo　ma ?
我们 在 八公像 前 见, 好 吗?

Hǎo,　jǐ　diǎn　ne ?
好, 几 点 呢?

Wǎn shang　liù　diǎn　ba .　Bú　jiàn　bú　sàn !
晚上 六 点 吧。 不 见 不 散!

第5課

3 音声を聞いて、ピンインと意味を確認しながら、単語を発音しましょう。 081

nà ge ／ nèi ge 那个	代 その、あの	zài 在	動 ある、いる、存在する 介 〜で、〜に
nǎr　nǎ li 哪儿／哪里	疑 どこ	kě　le 可…了	すごく〜である
hǎo chī 好吃	形 おいしい	qián 前	方 (〜の) 前
jiàn 见	動 会う、見える	diǎn 点	量 〜時
wǎn shang 晚上	名 夜、晚	ne 呢	助 疑問の語気を表す
Sè gǔ 涩谷	(地名) 渋谷	Bā gōng xiàng 八公像	ハチ公像
bú jiàn bú sàn 不见不散	(慣用句) 来るまで待っている		

4 会話をゆっくり読みます。ピンイン、漢字を見ながら、音声の後について読みましょう。 082

| 主語〈A（人・物）〉 | + | 動詞（述語）"在" | + | 目的語〈B（場所）〉 |

Nà ge　　cān tīng　　　　zài　　　　　　Sè gǔ .
那个　　餐厅　　　　　在　　　　　　涩谷。
その　　レストラン　　ある／いる　　　渋谷

「そのレストランは渋谷にある」のように、「A（人・物）はB（場所）にある／いる」という存在を表すには、述語に動詞の"在"を使って表現します。

Wǒ men gōng sī　zài　　Qīng shān .
我们 公司　　在　　青山 。
わたしたちの会社　ある　　青山
（わたしたちの会社は青山にあります。）

Bà ba　　zài　　shū fáng .
爸爸　　在　　书房 。
お父さん　いる　　書斎
（お父さんは書斎にいます。）

否定　否定する場合は、"在"の前に"不"を置きます。
"在"の発音は第四声なので、"不"は第二声で「bú」と読みます。

Wǒ men gōng sī　bú　zài　　Qīng shān .
我们 公司　不　在　　青山 。
わたしたちの会社　否定　ある　　青山
（わたしたちの会社は青山にありません。）

Bà ba　　bú　zài　shū fáng .
爸爸　　不　在　书房 。
お父さん　否定　いる　書斎
（お父さんは書斎にいません。）

疑問　場所をたずねたいときは、Bの位置に「どこ」という意味の疑問詞"哪儿 nǎr"
（または"哪里 nǎ li"）を置きます。

┃たずねる ──────────── ┃答える

Nǐ men gōng sī　zài　　nǎr ?
你们 公司　在　　哪儿？
あなたたちの会社　ある　　どこ
（あなたたちの会社はどこにありますか？）

Wǒ men gōng sī　zài　　Tiān jīn .
我们 公司　在　　天津 。
わたしたちの会社　ある　　天津
（わたしたちの会社は天津にあります。）

お気づきでしょうか？　日本語ではAが何かによって「ある」と「いる」を使い分けますが、中国語ではどちらも"在"で表せます。「（生きている）魚は海にいる」も、「（切り身の）魚は冷蔵庫にある」も、同じ"在"です！

有朋自远方来，不亦乐乎　yǒu péng zì yuǎn fāng lái, bú yì lè hū

練習

1　次の日本語を中国語にしましょう。答えの音声を聞いて復唱してください。　🎧084

1 あのレストランは渋谷にあります。

_____ 。

2 彼らの会社は銀座にありますか？

_____ ？

3 父は書斎にいません。

_____ 。

2　次の日本語に合うように、中国語を並び替えて正しい文にしてください。　🎧085
答えの音声を聞いて復唱しましょう。

1 猫［(小) 猫 (xiǎo)māo］はどこにいますか？　　小猫 / 哪儿 / 在

_____ ？

2 わたしたちの学校は上野にあります。　　我们 / 学校 / 上野 / 在

_____ 。

3 お母さんはリビング［客厅 kè tīng］にいません。　　不 / 妈妈 / 客厅 / 在

_____ 。

3　絵が表す内容を、否定文で言ってみましょう。　🎧086

1 　jīng lǐ　经理（社長、経営者）

_____ 。

2 mèi mei　妹妹（妹）

_____ 。

朋有り遠方より来たる、亦た楽しからずや（『論語』）　　　　　77

| 主語 | + | "在" | + | 場所 | + | 動詞（述語）〈〜する〉 | + 目的語 |

〈〜で／〜に〉

Wǒ men	zài	Bā gōng xiàng qián	jiàn .
我们	在	八公像 前	见 。
わたしたち	〜で／〜に	ハチ公像の前	会う

"在" にはもうひとつ、「"在" ＋場所」の形で「〜で／〜に」という場所を表す使い方があります。この「"在" ＋場所」の後ろに動詞を置くと、「〜で○○する」と言うことができます。

主語	+	在	場所	動詞	目的語
Wǒ	zài	yín háng	gōng zuò .
我	在	银行	工作 。
わたし	〜で	銀行	働く

（わたしは銀行で働いています。）

主語	+	在	場所	動詞	目的語
Tā	zài	kā fēi diàn	kàn	shū .
他	在	咖啡店	看	书 。
彼	〜で	カフェ	読む	本

（彼はカフェで本を読みます。）

> 学習ポイント 1 の「ある／いる」の "在" は動詞です。
> 一方、この学習ポイント 2 の「〜で／〜に」を表す "在" は「介詞（かいし）」、または「前置詞」と呼ばれます。
> 　　日本語：場所＋「で／に」……「で／に」は助詞で、場所の後に置く
> 　　中国語："在" ＋場所　　……"在" は介詞で、場所の前に置く
> 　介詞は "在" のほかにもあり、場所のほかに時間や方向、対象、目的など、さまざまなものを導く働きを持っています。これらのよく使う介詞について、第 6 課、第 11 課で紹介していますので、あわせてご覧ください。

否定 否定する場合は、"在" の前に "不" を置きます。

	不	+	在	場所	動詞
Wǒ	bú	zài	jiā	xiūxi .
我	不	在	家	休息 。
わたし	否定	〜で	家	休む

（わたしは家で休みません。）

> "不" を後ろの動詞 "休息" の前に置いて、🎧 "我在家不休息。" とすることもできますが、「家で休まず別のことをする」といった特別なニュアンスになります。また、ふつうの言い方である上記の "我不在家休息。" で、"休息" を強く発音しても、同じように特別なニュアンスになります。
> 　基本的に、否定文は "不" を常に「"在" ＋場所＋動詞」の前に置く、と覚えておいてください。

質問するときは、学習ポイント１と同じように、場所の位置に「どこ」という意味の疑問詞 "哪儿"（または "哪里"）を置きます。

 たずねる ──────────── 答える

（わたしたちはどこで会いますか？）

（わたしたちは渋谷で会いましょう。）

練習

1 次の日本語を中国語にしましょう。答えの音声を聞いて復唱してください。 088

1 わたしたちはハチ公像の前で会います。

_____ 。

2 父は銀行で働いています。

_____ 。

3 彼女はカフェで本を読んでいます。

_____ 。

2 次の日本語に合うように、中国語を並び替えて正しい文にしてください。
答えの音声を聞いて復唱しましょう。 089

1 わたしたちはどこで会いましょうか？　　在 / 我们 / 见 / 哪儿

_____ ？

2 あなたはどこに勤めていますか？　　你 / 哪儿 / 在 / 工作

_____ ？

3 弟は家で朝ご飯を食べません。（家ではないところで食べる）

弟弟 / 家 / 在 / 早饭 / 不 / 吃

_____ 。

教える方も学ぶ方も共に成長する（『礼記』）

1 ○時○分

yī **点** diǎn
一 点
1 時

liǎng **点** diǎn
两 点
2 時

shí'èr **点** diǎn
十二 点
12 時

★「2時」の「2」は "两" といいます。

sān **点** diǎn **líng** líng **五** wǔ **分** fēn
三 点 零 五 分
3 時 (0) 5 分

wǔ **点** diǎn **二十** èr shí **分** fēn
五 点 二十 分
5 時 20 分

★ 1ケタのときは "零" を挟みます。

2 きりのよい時刻　15分、30分、45分など、きりのよい時刻は次のようにも言えます。

sì diǎn shí wǔ fēn　　sì diǎn **yí kè**
四 点 十五 分 ＝ 四 点 **一刻**
4 時　15 分　　4 時　**15分**

liù diǎn sān shí fēn　　liù diǎn **bàn**
六 点 三十 分 ＝ 六 点 **半**
6 時　30 分　　6 時　**30分**

qī diǎn sì shi wǔ fēn　　qī diǎn **sān kè**
七 点 四十五 分 ＝ 七 点 **三刻**
7 時　45 分　　7 時　**45分**

bā diǎn wǔ shi wǔ fēn　　**chà wǔ fēn jiǔ diǎn**
八 点 五十五 分 ＝ **差 五 分 九 点**
8 時　55 分　　**9時5分前**

★「9時まで5分足りない（"差"）」という意味です。

ちょっとややこしいのですが、"一" の発音に注意しましょう。
「1時」、「11時」、「1分」など、「○時」、「○分」というときの "一" は、一般的には第一声のままで「yī」と発音します。一方、「15分」を表す "一刻" の "一" は、第二声「yí」に変わります。

3 時間帯　中国語で時刻を言う場合、ふつう「朝」「昼」「夜」などの時間帯を付けて言います。

zǎo shang	shàng wǔ	zhōng wǔ	xià wǔ	bàng wǎn	wǎn shang
早上	上午	中午	下午	傍晚	晚上
朝	午前	正午	午後	夕方	夜
（9時ごろまで）	（12時ごろまで）	（12時前後）	（日没ごろまで）	（日没ごろ）	（日没～夜中）

zǎo shang liù diǎn	shàng wǔ shí diǎn	xià wǔ liǎng diǎn	wǎn shang jiǔ diǎn
早上 六点	上午 十点	下午 两点	晚上 九点
朝　6時	午前　10時	午後　2時	夜　9時

▶ 「○時に～する」

「○時に～する」と言うには、日本語と同じように、動詞の前に時間を置きます。

主語 ＋ 時刻〈○時に〉 ＋ 動詞（述語）〈～する〉

Wǒ men　wǎn shang liù diǎn　jiàn .
我们　晚上 六点　见 。
わたしたち　夜6時　会う
（わたしたちは夜6時に会います。）

> 「○時に」は文頭に置くこともできます。その場合、「○時に」がやや強調されます。

▶ 時刻をたずねる

1　具体的な時刻をピンポイントでたずねる

「いくつ」の"几 jǐ"に、「～時」の"点 diǎn"を付けると、「何時？」とたずねることができます。

┃ たずねる

Xiàn zài　jǐ diǎn　?
现在　几 点　？————
今　何時
（今何時ですか？）

Nǐ　jǐ diǎn　shuì jiào ?
你　几点　睡觉 ？
あなた　何時　寝る
（あなたは何時に寝ますか？）

┃ 答える

Xiànzài　shí diǎn bàn .
现在　十 点 半 。
今　10時 半
（今10時半です。）

Wǒ　shí'èr diǎn　shuì jiào .
我　十二 点　睡觉 。
わたし　12時　寝る
（わたしは12時に寝ます。）

2　もう少し幅をもって時刻やタイミングをたずねる

「何」の"什么 shén me"に、「時、～ころ」という意味の"时候 shí hou"を付けると、「いつ」「いつごろ」という意味になり、時刻やタイミングをたずねることができます。

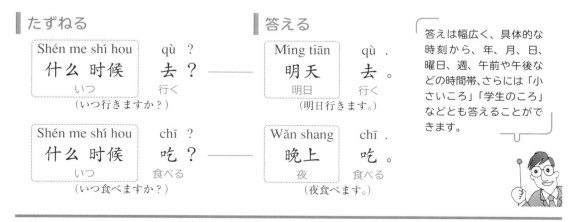

┃ たずねる

Shén me shí hou　qù ?
什么 时候　去？————
いつ　行く
（いつ行きますか？）

Shén me shí hou　chī ?
什么 时候　吃？
いつ　食べる
（いつ食べますか？）

┃ 答える

Míng tiān　qù .
明天　去 。
明日　行く
（明日行きます。）

Wǎn shang　chī .
晚上　吃 。
夜　食べる
（夜食べます。）

> 答えは幅広く、具体的な時刻から、年、月、日、曜日、週、午前や午後などの時間帯、さらには「小さいころ」「学生のころ」などとも答えることができます。

1 次の絵の時刻を中国語で言ってみましょう。 091

1　　　　　2　　　　　3

_____　_____

4　　　　　5　　　　　6

_____　_____

2 次のことについて、「何時に〜しますか？」という疑問文を作り、
指定された時刻を使って「わたしは○時に〜します」と答えてください。 092

1 起床 qǐ chuáng（起きる）／朝6時
Nǐ　　　　　　　　　　　　　　Wǒ
你　　　　　　　　？　我　　　　　　　　　　　　　　。

2 出门 chū mén（出かける）／朝7時30分
Nǐ　　　　　　　　　　　　　　Wǒ
你　　　　　　　　？　我　　　　　　　　　　　　　　。

3 上班 shàng bān（出社する）／朝9時
Nǐ　　　　　　　　　　　　　　Wǒ
你　　　　　　　　？　我　　　　　　　　　　　　　　。

4 吃午饭 chī wǔ fàn（昼食を食べる）／昼12時15分
Nǐ　　　　　　　　　　　　　　Wǒ
你　　　　　　　　？　我　　　　　　　　　　　　　　。

5 下班 xià bān（退勤する）／午後5時
Nǐ　　　　　　　　　　　　　　Wǒ
你　　　　　　　　？　我　　　　　　　　　　　　　　。

6 回家 huí jiā（帰宅する）／夜7時
Nǐ　　　　　　　　　　　　　　Wǒ
你　　　　　　　　？　我　　　　　　　　　　　　　　。

7 吃晚饭 chī wǎn fàn（夕食を食べる）／夜7時30分

Nǐ 你　　　　　　　　？　Wǒ 我　　　　　　　　　　　　。

8 洗澡 xǐ zǎo（風呂に入る）／夜8時

Nǐ 你　　　　　　　　？　Wǒ 我　　　　　　　　　　　　。

9 睡觉 shuì jiào（寝る）／夜12時

Nǐ 你　　　　　　　　？　Wǒ 我　　　　　　　　　　　　。

---

3 あなた自身の1日のスケジュールを言ってみましょう。

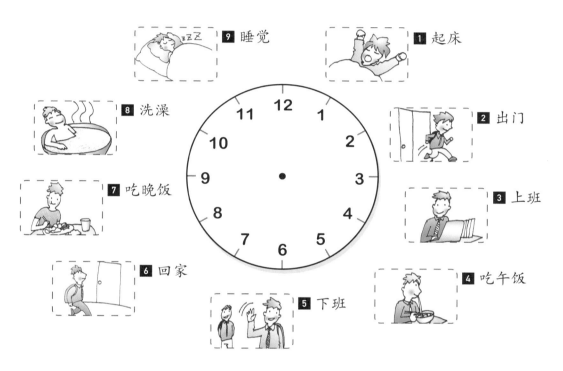

9 睡觉　**1** 起床　**8** 洗澡　**2** 出门　**7** 吃晚饭　**3** 上班　**6** 回家　**5** 下班　**4** 吃午饭

---

4 簡体字をなぞり書きしましょう。カッコ内の日本の漢字と比べて覚えてください。

| 涩 sè（渋） | 见 jiàn（見） | 银 yín（銀） | 妈 mā（　） | 请 qǐng（請） |
| 长 cháng/zhǎng（長） | 东 dōng（東） | 差 chà/chā/chāi（差） | 晚 wǎn（晚） | 觉 jiào/jué（覚） |

温故知新（古きをたずねて新しきを知る）（『論語』）

ロールプレイ　本文の内容を思い出しながら、次のことを話しましょう。

① レストランはどこにあるか聞く。
② 渋谷にあると答えて、おいしいよ！と言う。
③ うれしい！と喜ぶ。
④ ハチ公の前で会おうと誘い、それでいいか確認する。
⑤ 承知して、何時かたずねる。
⑥ 夜6時と答え、来るまで待っていると伝える。

練習問題　次の日本語を中国語にしてください。簡体字とピンインを書きましょう。

① そのレストランはどこにある？

_____

② 渋谷にあって、すごくおいしいんだよ。

_____

③ 本当にうれしいな。

_____

④ わたしたちはハチ公像の前で会おう、いい？

_____

⑤ いいよ、何時に？

_____

⑥ 夜6時にしよう。来るまで待ってるよ。

_____

⑦ あなたの会社はどこにありますか？

_____

⑧ 彼は喫茶店で本を読みます。

_____

⑨ わたしは家で休まない。

_____

⑩ いつ行きますか？

_____

次の質問に答えられますか？
答えられたら、この課の内容をマスターできています！

❶ 中国語の動詞の"在"は、日本語の「いる」と「ある」のような区別がありますか？

❷「～にいない」「～にない」は、中国語でどう言えばいいでしょうか？

❸「～で」を表す"在"は、動詞の前か後、どちらで使いますか？

❹「～で～しない」は、中国語でどう言いますか？

❺ 時刻を表す言葉は、日本語と同じように動詞の前に使いますか？

❻ 時刻をたずねるとき、どのような疑問詞を使いますか？

第 5 課

学習評価表	"量変到质変"…量の変化から質の変化が起こる学習の成果を自分で確認し、歩みを確実なものにしましょう。		
読む回数	ピンインを見ながら読む	漢字だけを見て読む	日本語を見て中国語で言う
1			
2			
3			
4			
5			
6			
N			

5・7・5のリズムで中国語を楽しもう！ **五七五 三行日記**
◇◇◇◇◇◇◇

cān tīng zài nǎ li　　zài Sè gǔ kě hǎo chī le　　wǒ tài gāo xìng le
餐厅 在 哪里　在 涩谷 可 好吃 了　我 太 高兴 了
（レストランはどこにある？　渋谷にあってすごくおいしい　めっちゃうれしい！）

1 劉さんの誕生日会の日、劉さんは待ち合わせにちょっと遅れたようです。
ピンインと日本語訳を見ながら、音声を聞いてみましょう。

094

Bù hǎo yì si, wǒ lái wǎn le.
（ごめんなさい、遅れちゃった。）

Méi guān xi.
（だいじょうぶよ。）

Wǒ men zěn me qù ne?
（ぼくたち、どうやって行く？）

Nàr lí zhèr bǐ jiào yuǎn, zán men hái shi dǎ dī qù ba.
（あそこはここからちょっと遠いから、わたしたちやっぱりタクシーで行こう。）

Hǎo a. Bú guì ba?
（了解。高くないよね？）

Bú guì bú guì, qǐ bù jià.
（高くない高くない、初乗り運賃よ。）

ワンポイント

中国語では「わたしたち」というには"我们"と"咱们"の2つの言い方があります。
　　厳密に言えば話し相手を含むか含まないかによって使い分けるのですが、話し言葉でも書き言葉でも、地域差もなく一般的に広く使われるのは"我们"です。"我们"は相手を含めることも、含めないこともあります。
　　一方、"咱们"は相手を含める言い方で、話し言葉だけで使い、特に中国北方で"我们"と使い分けています。中国語の普通話（共通語）は、北京などの北方方言をベースにして設定されているので、"咱们"も基本単語のひとつとして取り入れられています。

2 漢字とピンインを見ながら、もう一度聞いてみましょう。

 094

Bù　hǎo yì si，　wǒ　lái　wǎn　le.
不 好意思，我 来 晚 了。

Méi　guān xi.
没 关系。

Wǒ men　zěn me　qù　ne?
我们 怎么 去 呢?

Nàr　lí　zhèr　bǐ jiào　yuǎn，zán men　hái shi　dǎ dī　qù　ba.
那儿 离 这儿 比较 远，咱们 还是 打的 去 吧。

Hǎo　a.　　Bú　guì　ba?
好 啊。 不 贵 吧?

Bú　guì　bú　guì，　qǐ bù jià.
不 贵 不 贵，起步价。

3 音声を聞いて、ピンインと意味を確認しながら、単語を発音しましょう。

 095

bù hǎo yì si 不 好意思	すみません、ごめんなさい	lái wǎn 来晚	遅れる、来るのが遅い
méi guān xi 没 关系	だいじょうぶです、かまいません	zěn me 怎么	疑 どう、どうやって、どうして
nàr nà li 那儿／那里	代 そこ、あそこ	zhèr zhè li 这儿／这里	代 ここ、そこ
lí 离	介 ～から、～まで（距離や間隔を示す）	bǐ jiào 比较	副 比較的、やや
yuǎn 远	形 遠い	zán men 咱们	代 わたしたち（自分と話し相手を共に含む）
hái shi 还是	副 やはり～（より良いほうを示す）	dǎ dī (※) 打的	タクシーに乗る
guì 贵	形 （値段が）高い	qǐ bù jià 起步价	名 初乗り運賃

※ "打的" は「dǎ dí」と読むこともあります。

4 会話をゆっくり読みます。ピンイン、漢字を見ながら、音声の後について読みましょう。

 096

"怎么" ＋ 動詞

Zěn me	qù ?		Dǎ dī	qù .
怎么	去？	——————	打 的	去 。
どうやって	行く		タクシーに乗る	行く

疑問詞の "怎么" は「どう、どのように、どうして」といった意味です。これに動詞を付けると、「どうやって〜する」「どのように〜する」と、手段や方法をたずねることができます。

たずねる　　　　　**答える**

怎么 ＋ 動詞

Zěn me	xiě ?
怎么	写？
どうやって	書く
（どうやって書く？）	

方法
Zhè yàng	xiě .
这样	写 。
このように	書く
（このように書く。）	

手段
Yòng	qiān bǐ	xiě .
用	铅笔	写 。
使う	鉛筆	書く
（鉛筆を使って（＝鉛筆で）書く。）		

1つめの答えは書く方法を、2つめの答えは書く手段を答えています。
このように、方法と手段は同じ形でたずね、答えることができます。

中国語でどう言うのか知りたいときもこの形が使えます。たとえば「ネクタイ」なら…

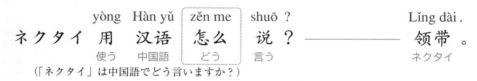

	yòng	Hàn yǔ	zěn me	shuō ?		Lǐng dài .
ネクタイ	用	汉语	怎么	说 ？	——————	领带 。
	使う	中国語	どう	言う		ネクタイ
（「ネクタイ」は中国語でどう言いますか？）						

"怎么" に「様子」を意味する "样 yàng" を付けた "怎么样 zěn me yàng" は、「どのように、どのような、どうであるか」という意味を表します。

Zuì jìn	zěn me yàng	?
最近	怎么样	？
最近	どうであるか	

Hěn	máng .
很	忙 。
	忙しい

Hái	kě yǐ .
还	可以 。
まあまあ	良い

（最近どうですか？（＝ご機嫌いかがですか？））　（忙しいです。）　　（まあまあです。）

相手を誘いたいときなどに "怎么样" を文末に加えると、「〜するのはどうでしょうか？」と提案したり、同意を求めたりすることができます。

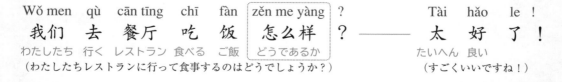

Wǒ men	qù	cān tīng	chī	fàn	zěn me yàng	?
我们	去	餐厅	吃	饭	怎么样	？
わたしたち	行く	レストラン	食べる	ご飯	どうであるか	

Tài	hǎo	le !
太	好	了 ！
たいへん	良い	

（わたしたちレストランに行って食事するのはどうでしょうか？）　（すごくいいですね！）

┌─── 1 ───┐ 次の日本語の質問を中国語にし、それぞれに最もふさわしい答えを、下の候補
A～Cの中から1つずつ選んでください。答えの音声を聞いて復唱しましょう。 🎧 098

■1 どうやって行きますか？

質問：_____? 答え：_____

■2 どのように書きますか？

質問：_____? 答え：_____

■3 「ネクタイ」は中国語でどのように言いますか？

質問：_____? 答え：_____

```
┌─ 答えの候補 ──────────────────────────────────────────────┐
│   Zhè yàng   xiě .                          Dǎ dī  qù .              │
│ A. 这样  写。 (このように書きます。)      B. 打的去。 (タクシーで行きます。) │
│                                                                     │
│   Yòng  Hàn yǔ  shuō   Lǐng dài  .                                  │
│ C. 用 汉语 说 "领带"。 (中国語で言うと「領帯」です。)                  │
└─────────────────────────────────────────────────────────┘
```

第6課

┌─── 2 ───┐ 次の日本語に合うように、中国語を並び替えて正しい文にしてください。
答えの音声を聞いて復唱しましょう。 🎧 099

■1 北京駅に行きたいのですが、どう行けばいいですか？　我 / 去 / 北京站 / 想 / 去 / 怎么

_____ , _____ ?

■2 あなたたちの会社は最近はどうですか？　你们 / 怎么样 / 最近 / 公司

_____ ?

■3 レストランに食事に行くのはどうですか？　我们 / 吃饭 / 怎么样 / 餐厅 / 去

_____ ?

┌─── 3 ───┐ 簡体字をなぞり書きしましょう。カッコ内の日本の漢字と比べて覚えてください。

没 méi (没)	关 guān (関)	写 xiě (写)	样 yàng (様)	带 dài (帯)

主語	動作1 動詞（＋目的語）	動作2 動詞（＋目的語）
Zán men 咱们 わたしたち	dǎ dī 打 的 タクシーに乗って	qù . 去 。 行く

連動文にはいくつかのタイプがあり、第4課で学習したものは「何をしに行くか」を表すタイプでした。ここで学習するのは「どうやって行くか」を表すタイプです。

この例文は「タクシーに乗って行く」、つまり、「タクシーに乗る」という手段で「行く」という意味です。動作1の「方法、手段」で動作2をするということを表しています。

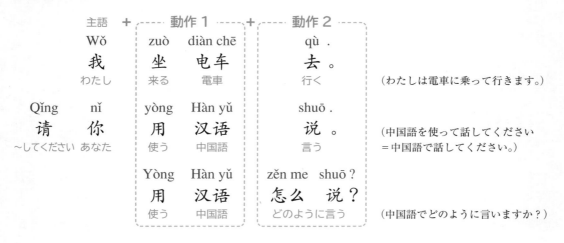

主語 +	動作1 +	動作2	
Wǒ 我 わたし	zuò　diàn chē 坐　电车 来る　電車	qù . 去 。 行く	（わたしは電車に乗って行きます。）
Qǐng　nǐ 请　你 ～してください　あなた	yòng　Hàn yǔ 用　汉语 使う　中国語	shuō . 说 。 言う	（中国語を使って話してください ＝中国語で話してください。）
	Yòng　Hàn yǔ 用　汉语 使う　中国語	zěn me　shuō ? 怎么　说 ? どのように言う	（中国語でどのように言いますか？）

否定 否定する場合は、動作1の動詞の前に“不”を付けます。

主語 +	不 +	動作1 +	動作2	
Wǒ 我 わたし	bú 不 否定	zuò　diàn chē 坐　电车 乗る　電車	qù , 去 ， 行く	（わたしは電車に乗って行かず、
		kāi　chē 开　车 運転する　車	qù . 去 。 行く	車を運転して（＝車で）行きます。）

　一寸光阴一寸金　yí cùn guāng yīn yí cùn jīn

1 次の絵に合うように、中国語の文を作りましょう。
答えの音声を聞いて復唱してください。

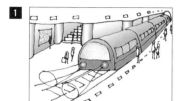 dì tiě　地铁（地下鉄）

Wǒ men　　　　　　　　　　　　qù
我们 ＿＿＿＿＿＿＿＿＿ 去。

 Qǐng　nǐ　　　　　　　　　　shuō
请 你 ＿＿＿＿＿＿＿＿＿ 说。

 Péng you　bú　　　　　　　　lái
朋友 不 ＿＿＿＿＿＿＿＿＿ 来。

2 次の日本語に合うように、中国語を並び替えて正しい文にしてください。
答えの音声を聞いて復唱しましょう。

1 日本語で書いてください。　　用 / 请 / 写 / 日语

＿＿＿＿＿＿＿＿＿＿＿＿＿＿＿＿＿＿＿＿＿＿＿。

2 わたしは船［船 chuán］で行かず、飛行機［飞机 fēi jī］で行きます。
我 / 不 / 去 / 飞机 / 坐 / 坐 / 去 / 船

＿＿＿＿＿＿＿＿＿＿＿＿＿ , ＿＿＿＿＿＿＿＿＿＿。

3 彼は中国語で話さない。　　他 / 汉语 / 说 / 不 / 用

＿＿＿＿＿＿＿＿＿＿＿＿＿＿＿＿＿＿＿＿＿＿＿。

3 簡体字をなぞり書きしましょう。カッコ内の日本の漢字と比べて覚えてください。

 chē（車）　 kāi（開）　 tiě（鉄）　 fēi（飛）　 bǐ（筆）

一寸の光陰は一寸の金に等しい、時は金なり（『淮南子』）

第5課の「学習ポイント2」で学んだ"在"や、この課で出てきた"离"は、「介詞」（または前置詞）と呼ばれます。述語となる動詞や形容詞の前に置いて、場所や時間、起点や到着点、目的や原因、手段などを示します。よく使う介詞を勉強しましょう。

介詞を置く位置 ▶ （主語） + 介詞 + 名詞など + 述語（動詞／形容詞など）
介詞フレーズ

---

lí 离

「～から」「～まで」：距離や隔たりを表す

ある場所からの距離や、ある時点までの期間を表します。

Nàr　lí　zhèr　hěn　yuǎn .
那儿　离　这儿　很　远 。
そこ　～から　ここ　　遠い　　　　　　　　（そこはここから遠い。）

Lí　Shèng dàn jié　hái　yǒu　wǔ　tiān .
离　圣诞节　还　有　五　天 。
～まで　クリスマス　まだ　ある　5　日　　（クリスマスまでまだ5日ある。）

---

cóng 从

「～から」：起点を表す

起点となる場所や時点、さまざまな物事の開始点を表します。

Cóng　zhèr　zǒu .
从　这儿　走 。
～から　ここ　行く　　　（ここから行く。）

Cóng　xiàn zài　kāi shǐ .
从　现在　开始 。
～から　今　始める　　（今から始める。）

---

dào 到

「～まで」：方向や到達点を表す

よく"从…到…"の形で、「～から～まで」の意味でも使います。

Cóng　wǒ jiā　dào　gōng sī　hěn　yuǎn .
从　我家　到　公司　很　远 。
～から　わたしの家　～まで　会社　　遠い　　（わたしの家から会社まで遠い。）

---

hé 和

「～と」：動作を共にする相手、関係の及ぶ対象を示します。

介詞のほかに接続詞としても使います。

Wǒ　hé　péng you　qù　kàn　diàn yǐng .
我　和　朋友　去　看　电影 。（わたしは友達と映画を見に行く。）
わたし　～と　友達　行く　見る　映画
[接続詞用法]

🖊 光阴似箭，日月如梭　guāng yīn sì jiàn, rì yuè rú suō

練習

1 次の日本語に合うように、[ ]の介詞の中からふさわしいものを選んでください。
答えの音声を聞いて復唱しましょう。 🎧 104

1 春節までまだ1か月あります。

[离／从] <ruby>春节<rt>Chūn jié</rt></ruby> <ruby>还<rt>hái</rt></ruby> <ruby>有<rt>yǒu</rt></ruby> <ruby>一<rt>yí</rt></ruby> <ruby>个<rt>ge</rt></ruby> <ruby>月<rt>yuè</rt></ruby>。

2 家から会社まで遠いです。

[离／从] <ruby>我<rt>wǒ</rt></ruby> <ruby>家<rt>jiā</rt></ruby> [到／和] <ruby>公司<rt>gōng sī</rt></ruby> <ruby>很<rt>hěn</rt></ruby> <ruby>远<rt>yuǎn</rt></ruby>。

3 今から始める。

[离／从] <ruby>现在<rt>xiàn zài</rt></ruby> <ruby>开始<rt>kāi shǐ</rt></ruby>。

2 次の日本語に合うように、中国語を正しい順番に並べてください。
絵を見ながら答えの音声を聞いて復唱しましょう。 🎧 105

1

あなたの家は病院 [医院 yī yuàn] まで遠いですか？

家 / 你 / 远 / 医院 / 离 / 吗

_____ ？

2

明日わたしは友達と買い物に行きます。

明天 / 东西 / 朋友 / 和 / 买 / 去 / 我

_____ 。

3

来年から始めたらいかがでしょうか？

开始 / 从 / 明年 / 怎么样

_____ ？

3 簡体字をなぞり書きしましょう。カッコ内の日本の漢字と比べて覚えてください。

 lí（離）　 yuǎn（遠）　 shèng（聖）　 jié（節）　 xiàn（現）

ロールプレイ　本文の内容を思い出しながら、次のことを話しましょう。

① 遅れて来たことを謝る。

② だいじょうぶだと答える。

③ （レストランまで）どうやって行くかたずねる。

④ ここから遠いのでタクシーで行こうと答える。

⑤ わかったと伝え、高くないかたずねる。

⑥ 高くないと答え、初乗り運賃だと言う。

練習問題　次の日本語を中国語にしてください。簡体字とピンインを書きましょう。

① ごめんなさい。遅れちゃった。

_____

② だいじょうぶよ。

_____

③ ぼくたちはどうやって行く？

_____

④ あそこはここからちょっと遠いから、やっぱりタクシーで行こう。

_____

⑤ 高くないよね。

_____

⑥ 高くない高くない、初乗り運賃よ。

_____

⑦ ネクタイは中国語でどう言いますか？

_____

⑧ 最近どう？

_____

⑨ 日本語で言ってください。

_____

⑩ わたしは電車で行きません。

_____

教えて！小老師 次の質問に答えられますか？
答えられたら、この課の内容をマスターできています！

❶ 方法や手段をたずねたいとき、中国語でどう言いますか？

❷ 「～するのはどうでしょう？」と提案したり相談したりするとき、どのように言いますか？

❸ 「中国語でお願いします」と言いたいとき、どう言えばいいでしょうか？

❹ 「～（方法・手段）で～しない」は、中国語でどう言いますか？

❺ "离" と "从" は、どう違いますか？

❻ "和" はどのように使いますか？

第6課

学習評価表	"量变到质变"…量の変化から質の変化が起こる学習の成果を自分で確認し、歩みを確実なものにしましょう。

読む回数	ピンインを見ながら読む	漢字だけを見て読む	日本語を見て中国語で言う
1			
2			
3			
4			
5			
6			
N			

5・7・5のリズムで中国語を楽しもう！ 五七五 三行日記

◇◇◇◇◇◇◇

wǒ men	zěn me	qù	nà li	lí	zhèr	bǐ jiào	yuǎn	hái shì	dǎ dī	qù

我们 怎么 去　那里 离 这儿 比较 远　还是 打的 去

（どうやって行く？　そこはここからちょっと遠い、やっぱりタクシーで行こう。）

学んだことをまとめます。きちんと覚えたか確認しましょう！

最重要文型

主語 ＋ 動作1 動詞＋目的語 ＋ 動作2 動詞＋目的語

中国語の文は時系列、つまり、「動作を行う順番」がとても重要です。連動文の「動詞＋目的語」を並べる順番で、この感覚を学びましょう。

Wǒ men 　　　qù cān tīng　　　　chī fàn .
我们　　　　去 餐厅　　　　吃 饭。
（わたしたちはレストランへ行ってご飯を食べます。）

Wǒ 　　　　dǎ dī　　　　　　qù .
我们　　　　打的　　　　　　去 。
（わたしたちはタクシーに乗って行きます。）

yòng Hàn yǔ　　　zěn me shuō ?
ネクタイ　　　用 汉语　　　怎么 说 ？
（ネクタイは中国語を使ってどのように言いますか？＝中国語で何と言いますか？）

　1つめの文は、「レストランへ行って、そしてご飯を食べる」という順番です。「ご飯を食べて、それからレストランへ行く」だと、おかしいですね。
　2つめの文は、「どこかへ行ってからタクシーに乗る」ではなく、「タクシーに乗るという手段で目的地へ行く」という順番です。
　3つめの文も同様に、「中国語という手段を使って、どのように言うのか」とたずねています。「言ってから中国語を使う」では、なんのことかわかりませんね。
　中国語の文は、このような時系列のロジックに従って構成されています。

重要文法　　2つの"在"

動詞「～にある／いる」　主語 ＋ 述語 在 ＋ 目的語 場所

介詞「～で○○する」　主語 ＋ 介詞 在 （介詞フレーズ）場所 ＋ 動詞（＋目的語）

「存在する」を表す動詞の"在"、動作・行為をする場所を導く介詞の"在"。2つの形の違いをしっかり区別しましょう。

その他の文法事項

◆ 「～したい」： 主語 ＋ 助動詞 "想" ＋ 動詞 （＋目的語）

◆ 年月日と時刻の言い方："～年" "～月" "～号" "星期～" "～点" "～分" など
　　　疑問詞 "几" を使って「何月何日ですか？」「何時ですか？」とたずねる方法も確認しましょう。

◆ 「いつ○○する」： 主語 ＋ いつ ＋ 動詞

◆ 「どうやって○○する」： "怎么" ＋ 動詞
　　　「どのように」とたずねる "怎么样" も確認しましょう。

◆ 介詞の使い方： 主語 ＋ 介詞＋名詞 ＋ 動詞 （＋目的語）
　　　それぞれの介詞が導くものと、「介詞＋名詞」の介詞フレーズを動詞の前に置くことを確認しましょう。

こんなとき何と言う？

第4課	1回目	2回目	3回目
□ 誕生日が何月何日かたずねる。	（　　）	（　　）	（　　）
□ 自分の誕生日を答える。	（　　）	（　　）	（　　）
□ 今週の土曜日だね？と確認し、おめでとう！と言う。	（　　）	（　　）	（　　）
□ 礼を言う。	（　　）	（　　）	（　　）
□ 食事に誘い、食べたいものを聞く。	（　　）	（　　）	（　　）
□ 喜んで、長寿麺が食べたいと答える。	（　　）	（　　）	（　　）
第5課			
□ レストランの場所をたずねる。	（　　）	（　　）	（　　）
□ 場所を教えて、おいしいよ！と言う。	（　　）	（　　）	（　　）
□ うれしい！と喜ぶ。	（　　）	（　　）	（　　）
□ 待ち合わせの場所を提案して、それでいいか確認する。	（　　）	（　　）	（　　）
□ 承知して、何時に待ち合わせるかたずねる。	（　　）	（　　）	（　　）
□ 待ち合わせの時間を教えて、来るまで待っていると伝える。	（　　）	（　　）	（　　）
第6課			
□ 遅れたことを詫びる。	（　　）	（　　）	（　　）
□ だいじょうぶだよと答える。	（　　）	（　　）	（　　）
□ レストランまでどうやって行くかたずねる。	（　　）	（　　）	（　　）
□ ここから遠いのでタクシーで行こうと提案する。	（　　）	（　　）	（　　）
□ わかったと伝え、高くないかたずねる。	（　　）	（　　）	（　　）
□ 高くないと答え、初乗り運賃だと言う。	（　　）	（　　）	（　　）

1 劉さんは鈴木さんに、なぜ中国語を学ぶのかたずねています。
ピンインと日本語訳を見ながら、音声を聞いてみましょう。

107

 Nǐ wèi shén me xué Hàn yǔ ?
（あなたはなぜ中国語を勉強するの？）

 Yīn wèi wǒ xǐ huan kàn Zhōng guó de diàn shì jù .
（中国のテレビドラマを見るのが好きだから。）

 Wǒ yě xǐ huan kàn Rì běn dòng màn .
（ぼくも日本のアニメを見るのが好き。）

 Nǐ xǐ huan kàn shén me ?
（何が好き？）

 Wǒ zuì xǐ huan 《Hǎi zéi wáng》.
（『ONE PIECE』がいちばん好き。）

Wǒ yǒu hěn duō dòng màn rén wù wán jù .
（ぼく、たくさんのキャラクターグッズを持ってるよ。）

ワンポイント

　中国で日本のアニメは大人気です。会話で出てきた『ONE PIECE《海賊王 Hǎi zéi wáng》』のほか、『ドラえもん《哆啦 A 梦 Duō lā A mèng》』、『スラムダンク《灌篮高手 Guàn lán gāo shǒu》』などはなかでも一般的ですが、今はネットを通じて新しい作品をリアルタイムでたくさん見ることができます。逆に、中国のアニメ作品が日本でも広がりつつあるようで、映画『《罗小黑战记 Luó Xiǎo hēi zhàn jì》ロシャオヘイ戦記』、アニメ『《魔道祖师 Mó dào zǔ shī》魔道祖師』などを見たことのある人もいるでしょう。ちなみに、『《魔道祖師》』の実写ドラマ版『《陈情令 Chén qíng lìng》陳情令』も日本で放映されました。

2 漢字とピンインを見ながら、もう一度聞いてみましょう。

107

Nǐ　wèi shén me　xué　Hàn yǔ ?
你 为什么 学 汉语?

Yīn wèi　wǒ　xǐ huan　kàn　Zhōng guó　de　diàn shì jù .
因为 我 喜欢 看 中国 的 电视剧。

Wǒ　yě　xǐ huan　kàn　Rì běn　dòng màn.
我 也 喜欢 看 日本 动漫。

Nǐ　xǐ huan　kàn　shén me ?
你 喜欢 看 什么?

Wǒ　zuì　xǐ huan　« Hǎi zéi wáng » .
我 最 喜欢《海贼王》。

Wǒ　yǒu　hěn　duō　dòng màn　rén wù　wán jù .
我 有 很 多 动漫 人物 玩具。

3 音声を聞いて、ピンインと意味を確認しながら、単語を発音しましょう。

108

wèi shén me 为什么	疑 なぜ	yīn wèi 因为	接 なぜなら
xué 学	動 学ぶ、習う	xǐ huan 喜欢	動 好きである
kàn 看	動 見る、読む	yǒu 有	動 持っている、 ある、いる
zuì 最	副 最も～、いちばん～	duō 多	形 多い
Hàn yǔ 汉语	名 中国語	Zhōng guó 中国	(国名) 中国
Rì běn 日本	(国名) 日本	diàn shì jù 电视剧	名 テレビドラマ
dòng màn 动漫	名 アニメ	rén wù 人物	名 人物
wán jù 玩具	名 おもちゃ	Hǎi zéi wáng 《海贼王》	(作品名)『ONE PIECE』

4 会話をゆっくり読みます。ピンイン、漢字を見ながら、音声の後について読みましょう。

109

第7課

"为什么" ＋ 動詞など

Wèi shén me　　　xué ?
为什么　　　学？ ———————— 因为 …… 。
なぜ　　　　学ぶ　　　　　　　　　　なぜなら　　〜
　　　　　　　　　　　　　　　　　Yīn wèi

疑問詞の"为什么"は「なぜ、どうして」という意味で、原因や理由をたずねるときに使います。答えるときは、「なぜなら」という意味の"因为"を付けて答えます。

日常生活の中で「なぜ？」と聞きたくなる場面、多々ありますよね。"为什么"を使ってたずねてみましょう。

たずねる

Nǐ　wèi shén me　xué Rì yǔ ?
你　为什么　学 日语？———
あなた　なぜ　　学ぶ 日本語
（あなたはなぜ日本語を学びますか？）

Tā jīn tiān wèi shén me bù   lái ?
他 今天　为什么　不 来？——
彼　今日　　なぜ　　否定 来る
（彼は今日なぜ来ないんですか？）

Wèi shén me nǐ zài   zhèr ?
为什么　你 在 这儿？———
なぜ　　あなた いる ここ
（なぜあなたはここにいるんですか？）

Wèi shén me jīn tiān zhè me   rè !
为什么　今天 这么 热！
なぜ　　今日 こんなに 暑い
（どうして今日はこんなに暑いんだ！）

答える

Yīn wèi wǒ xǐ huan kàn Rì běn dòng màn.
因为　我 喜欢 看 日本 动漫。
なぜなら わたし 好き 見る 日本　アニメ
（なぜならわたしは日本のアニメを見るのが好きだからです。）

Yīn wèi tā jīn tiān hěn máng .
因为　他 今天 很 忙。
なぜなら 彼 今日　　 忙しい
（なぜなら彼は今日忙しいからです。）

Yīn wèi wǒ xiǎng jiàn   nǐ .
因为　我 想 见 你。
なぜなら わたし 〜たい 会う あなた
（なぜならわたしはあなたに会いたいからです。）

このようなつぶやきにも使えます！

"为什么"を入れる位置は特に決まっていません。主語の後、述語の前に置くことも、文頭に置くこともできます。日本語と同じような感覚で使えますね。

日本語が上手な中国の人がもしあなたの身近にいたら、1つめの例にある文"你为什么学日语？"とたずねてみると、あなたが中国語を学ぶうえで参考になる意見がいろいろ聞けるかもしれません。身近に中国の人がいなくても、"好之不如乐之 hào zhī bù rú lè zhī"「好きは楽しむには及ばず、好きこそものの上手なれ」ということばがあるように、ひとまず「学ぶ」という「プロセスを楽しむ」ことから始めてみましょう。日々、新しいことばを覚えるのは、なんと楽しいことでしょうか！

1　次の1〜3の会話の質問または答えの空欄に入るのに最もふさわしい文を、
下記の A 〜 C の中から1つずつ選びましょう。

1　Nǐ wèi shén me xué　Rì yǔ
你 为什么 学 日语?

答え：＿＿＿＿＿＿＿＿＿＿＿＿

2
質問：＿＿＿＿＿＿＿＿＿＿＿

Yīn wèi tā jīn tiān hěn máng
因为 他 今天 很 忙。

3
質問：＿＿＿＿＿＿＿＿＿＿＿

Yīn wèi wǒ xiǎng jiàn nǐ
因为 我 想 见 你。

―　答えの候補　―

Yīn wèi wǒ xǐ huan kàn Rì běn dòng màn.
A. 因为 我 喜欢 看 日本 动漫。

Wèi shén me nǐ zài zhèr ?
B. 为什么 你 在 这儿?

Tā jīn tiān wèi shén me bù lái ?
C. 他 今天 为什么 不 来?

2　問題1の文章を、絵を見ながら音声を聞いて復唱しましょう。

3　簡体字をなぞり書きしましょう。カッコ内の日本の漢字と比べて覚えてください。

 hàn（漢）　 huān（歡）　 jù（劇）　 dòng（動）　 rè（熱）

 hái/huán（還）　 jī（機）　 jià（価）　 guì（貴）　 jiào（較）

学習のポイント 2 「～するのが好き」…"喜欢"

主語 〈～は〉	+	"喜欢" 〈好きである〉	動詞（述語） 〈～する〉	+	目的語 〈～を〉
Wǒ **我** わたし		xǐ huan **喜欢** 好き	kàn **看** 見る		diàn shì jù . **电视剧** 。 テレビドラマ

「～するのが好きだ」と言いたい場合、動詞の前に"喜欢"を付けます。自己紹介で趣味などについて話したいときにも使えます。

喜欢 動詞 + 目的語
Wǒ xǐ huan chī jiǎo zi .
我 喜欢 吃 饺子。
わたし　好き　食べる　餃子
（わたしは餃子を食べるのが好きです。）

Tā xǐ huan dǎ wǎng qiú .
她 喜欢 打 网球。
彼女　好き（球技を）する　テニス
（彼女はテニスをするのが好きです。）

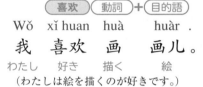

喜欢 動詞 + 目的語
Wǒ xǐ huan huà huàr .
我 喜欢 画 画儿。
わたし　好き　描く　絵
（わたしは絵を描くのが好きです。）

Tā xǐ huan zuò cài .
他 喜欢 做 菜。
彼　好き　作る　料理
（彼は料理をするのが好きです。）

> 会話スキットで劉さんが"我最喜欢《海贼王》。"と言っていますが、本来は"我最喜欢<u>看</u>《海贼王》。"「『ONE PIECE』を<u>見る</u>のがいちばん好き」というふうに動詞を入れる必要があります。
> ただ、会話の中でわざわざ言わなくてもわかる場合、動詞は省略してもかまいません。
> また、「とても好き」「大好き」と言いたいときは、形容詞と同じように"喜欢"の前に"很"や"非常"などの程度を表す副詞を付けて表すことができます。

"喜欢"は動詞なので、すぐ後ろに目的語の名詞を置くこともできます。

喜欢 + 目的語
Wǒ xǐ huan nǐ .
我 喜欢 你。
わたし　好き　あなた
（わたしはあなたが好きです。）

否定 否定する場合は、"喜欢"の前に否定を表す"不"を置きます。

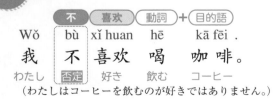

不 喜欢 動詞 + 目的語
Wǒ bù xǐ huan hē kā fēi .
我 不 喜欢 喝 咖啡。
わたし　否定　好き　飲む　コーヒー
（わたしはコーヒーを飲むのが好きではありません。）

> "喜欢"の"喜"は第三声なので、"不"の声調は変わらず、第四声「bù」で読みます。

疑問 "吗" や、"什么" などの疑問詞を使って質問できます。

▌ たずねる

Nǐ xǐ huan hē kā fēi ma ?
你 喜欢 喝 咖啡 吗 ？──
あなた 好き 飲む コーヒー ～か
（あなたはコーヒーを飲むのが好きですか？）

Nǐ xǐ huan chī shén me ?
你 喜欢 吃 什么 ？──
あなた 好き 食べる 何
（あなたは何を食べるのが好きですか？）

▌ 答える

Xǐ huan .
喜欢 。
好き
（好きです。）

Bù xǐ huan .
不 喜欢 。
否定 好き
（好きではありません。）

Wǒ xǐ huan chī má pó dòu fu .
我 喜欢 吃 麻婆豆腐 。
わたし 好き 食べる 麻婆豆腐
（わたしは麻婆豆腐（を食べるの）が好きです。）

▌ 練習 ▌

1 次の日本語を中国語にしましょう。答えの音声を聞いて復唱してください。 113

1 わたしは映画を見るのが好きです。

＿＿＿＿＿＿＿＿＿＿＿＿＿＿＿＿＿＿＿＿＿＿＿＿＿＿＿＿ 。

2 あなたは餃子を食べるのが好きですか？

＿＿＿＿＿＿＿＿＿＿＿＿＿＿＿＿＿＿＿＿＿＿＿＿＿＿＿＿ ？

3 彼は料理を作るのが好きではありません。

＿＿＿＿＿＿＿＿＿＿＿＿＿＿＿＿＿＿＿＿＿＿＿＿＿＿＿＿ 。

2 次の日本語に合うように、中国語を正しい順番に並べてください。
答えの音声を聞いて復唱しましょう。 114

1 わたしはお酒を飲むのが好きではありません。　　我 / 喜欢 / 不 / 酒 / 喝

＿＿＿＿＿＿＿＿＿＿＿＿＿＿＿＿＿＿＿＿＿＿＿＿＿＿＿＿ 。

2 わたしは中国のテレビドラマを見るのが大好きです。
我 / 很 / 电视剧 / 喜欢 / 看 / 的 / 中国

＿＿＿＿＿＿＿＿＿＿＿＿＿＿＿＿＿＿＿＿＿＿＿＿＿＿＿＿ 。

「AはBを持っている」というには、述語に動詞の "有" を使い、"A有B。" の形で表します。AとBに入るものによって、「ある」「いる」という意味にもなります。

また、Aを場所とすると、「Aという場所にBがある／いる」ということもできます。

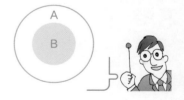

「持っている」なのか「ある／いる」なのかは、日本語にするときに区別しますが、中国語では「Aというものの中にBがある」という感覚で "A有B。" という形を使っています。

ですので、同じ形でAが場所になると、「Aという場所にBがある」となるわけです。

否定　否定する場合は、"不" ではなく、"没 méi" を "有" の前に置きます。"没" は "有" を否定し、「持っていない」「存在しない」という意味を表します。

存在を表す"在"と比べてみよう！

第5課で同じく存在を表す"在"を勉強しましたね。その形と比べてみると、"在"の文と"有"の文とでは、AとBに入るものがちょうど逆になっているのがわかります。

A〈存在物〉 ＋ 在 ＋ B〈場所〉

Wǒ de shū　　zài　　zhuō zi shang .

我 的 书　 在　 桌子上 。

わたしの本　　ある　　机の上
（わたしの本は机の上にあります。）

B〈場所〉 ＋ 有 ＋ A〈存在物〉

Zhuō zi shang　yǒu　　sān běn shū .

桌子上　 有　 三本书。

机の上　　ある　　3冊の本
（机の上に3冊の本があります。）

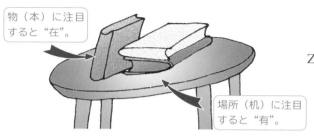

物（本）に注目
すると"在"。

場所（机）に注目
すると"有"。

| 練習 |

---

1 次の日本語を中国語にしましょう。答えの音声を聞いて復唱してください。　116

1 わたしはたくさんのキャラクターグッズを持っています。

_____。

2 わたしは今日用事がありません。

_____。

3 あなたはきょうだい［兄弟姐妹 xiōng dì jiě mèi］がいますか？

_____？

---

2 次の日本語に合うように、中国語を正しい順番に並べてください。
　答えの音声を聞いて復唱しましょう。　117

1 部屋［房间 fáng jiān］にはたくさんの人がいます。　　有 / 房间里 / 人 / 很 / 多

_____。

2 わたしの財布［钱包 qián bāo］はカバンの中にあります。　　我 / 钱包 / 的 / 书包里 / 在

_____。

3 教室にはパソコンがありません。　　教室里 / 电脑 / 没有

_____。

第7課

第7課のふりかえり

ロールプレイ　本文の内容を思い出しながら、次のことを話しましょう。

① なぜ中国語を勉強するのかたずねる。

② 中国のテレビドラマを見るのが好きだからと答える。

③ 自分は日本のアニメを見るのが好きだと言う。

④ どんなアニメが好きかきく。

⑤ 「ワンピース」が一番好きだと答え、たくさんキャラクターグッズを持っていると言う。

練習問題　次の日本語を中国語にしてください。簡体字とピンインを書きましょう。

① あなたはなぜ中国語を勉強するの？

_____

② 中国のテレビドラマを見るのが好きだから。

_____

③ ぼくも日本のアニメを見るのが好き。

_____

④ 何を見るのが好き？

_____

⑤ ぼくはたくさんのキャラクターグッズを持ってるよ。

_____

⑥ 彼はどうして今日は来ないんですか？

_____

⑦ わたしは絵を描くのが好きです。

_____

⑧ ロビーにたくさんの人がいます。

_____

⑨ わたしはパソコンを持っていません。

_____

⑩ わたしは用事があります。

_____

次の質問に答えられますか？
答えられたら、この課の内容をマスターできています！

❶ 理由「なぜ」とたずねたいとき、どんな中国語を使いますか？
❷ 理由を聞かれたときには、中国語でどのように返事しますか？
❸「絵を描くのが好きだ」と言いたいとき、どう言えばいいですか？
❹ 中国語の "有" を使う際、日本語のような「いる」「ある」の区別がありますか？
❺ 中国語の "有" を否定する場合は、どう言いますか？
❻「私の本は机にあります」は、どう言いますか？

学 習 評 価 表 “量変到质変”…量の変化から質の変化が起こる学習の成果を自分で確認し、歩みを確実なものにしましょう。

読む回数	ピンインを見ながら読む	漢字だけを見て読む	日本語を見て中国語で言う
1			
2			
3			
4			
5			
6			
N			

第7課

5・7・5のリズムで中国語を楽しもう！ **五七五 三行日記**

◇◇◇◇◇◇◇

wèi hé　xué　Hàn yǔ　　yīn wèi　ài　kàn　diàn shì jù　　wǒ　yě　hěn　xǐ huan
为何 学 汉语　因为 爱 看 电视剧　我 也 很 喜欢
（なぜ中国語を？　テレビドラマが好きだから　わたしも好きです）

［为何 wèi hé ＝为什么］［爱 ài ＝喜欢］

107

鈴木さんは劉さんに、友人のことを紹介しています。
ピンインと日本語訳を見ながら、音声を聞いてみましょう。

 119

 Wǒ yǒu yí ge péng you ,
（わたしに友達が1人いて、）

tā hěn xǐ huan kàn «Sān guó yǎn yì».
（彼女は『三国志』を読むのが好きなの。）

 Shì ma , tā yě huì shuō Hàn yǔ ma ?
（そうなの、彼女も中国語を話せる？）

 Tā yě huì shuō Hàn yǔ .
（彼女も中国語を話せるよ。）

 Nǐ men dōu hěn liǎo bu qǐ .
（きみたち二人とも、すごいね。）

Wǒ men néng jiàn yi miàn , hǎo hāor liáo liao ma ?
（ぼくたち一度会って、おしゃべりできるかな？）

 Hǎo a , wǒ kě yǐ wèn wen tā .
（いいね、わたし、彼女に聞いてみてもいいよ。）

ワンポイント

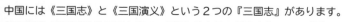

中国には《三国志》と《三国演义》という2つの『三国志』があります。
　《三国志》は三国時代の歴史書で、『魏志倭人伝』が記されている書物です。《三国演义》は、明の時代に羅貫中が書いた歴史小説です。つまり、日本人のみなさんがイメージする『三国志』は、《三国演义》のことです。
　この《三国演义》と、《西游记》（西遊記）、《红楼梦》（紅楼夢）、《水浒传》（水滸伝）の4つの小説が、中国の四大古典名著（"四大古典名著"）とされています。

2 漢字とピンインを見ながら、もう一度聞いてみましょう。　119

Wǒ　yǒu　yí　ge　péng you,
我　有　一　个　朋友，

tā　hěn　xǐ huan　kàn　《 Sān guó yǎn yì 》.
她　很　喜欢　看《三国演义》。

Shì　ma,　tā　yě　huì　shuō　Hàn yǔ　ma?
是　吗，　她　也　会　说　汉语　吗?

Tā　yě　huì　shuō　Hàn yǔ.
她　也　会　说　汉语。

Nǐ men　dōu　hěn　liǎo bu qǐ.
你们　都　很　了不起。

Wǒ men　néng　jiàn　yi　miàn,　hǎo hāor　liáo liao　ma?
我们　能　见　一　面，　好好儿　聊聊　吗?

Hǎo　a,　wǒ　kě yǐ　wèn wen　tā.
好　啊，　我　可以　问问　她。

3 音声を聞いて、ピンインと意味を確認しながら、単語を発音しましょう。　120

第8課

huì 会	助動 ～できる	néng 能	助動 ～できる
kě yǐ 可以	助動 ～できる、～してもよい	shuō 说	動 話す、言う
dōu 都	副 全部、みんな	liǎo bu qǐ 了不起	形 すばらしい、すごい
jiàn miàn 见面	動 会う、対面する [離合詞→ P.122]	liáo 聊	動 おしゃべりする、雑談する
wèn 问	動 たずねる、質問する	hǎo hāo(r) 好好（儿）	副 よく、存分に、ちゃんと
Sān guó yǎn yì 《三国演义》	（作品名）『三国演義』		

4 会話をゆっくり読みます。ピンイン、漢字を見ながら、音声の後について読みましょう。　121

主語〈〜は〉	**+**	"会/能/可以"〈〜できる〉[助動詞]	動詞(述語)〈〜する〉	目的語〈〜を〉

Tā
她
彼女

huì
会
〜できる

shuō
说
話す

Hàn yǔ.
汉语。
中国語

　「〜することができる」と言うには、中国語では3つの言い方があります。使い方は「"想"＋動詞」と同じで、動詞の前に「〜できる」を表す助動詞の"会"か"能"か"可以"を付けます。
　では、それぞれについて意味と使い方を詳しく見てみましょう。

huì
会

学習したり練習したりして「できる」
語学や習い事、スポーツなど、習って練習し、習得してできるときに使います。

Wǒ　huì　tán　gāng qín.
我　会　弹　钢琴。
わたし　できる　弾く　ピアノ　　　　　([習って練習して] わたしはピアノを弾けます。)

Bà ba　huì　yóu　yǒng.
爸爸　会　游　泳。
父　できる　　泳ぐ　　　　　　([習って練習して] お父さんは泳げます。)

> "我会喝酒。"「わたしはお酒を飲める。」
> "我会抽烟。"「わたしはタバコを吸える。」とも言います。
> 「習ったり練習したりして」できるのとは違いますが…

néng
能

ある状況下で「できる」、理由や能力があって「できる」
「可能」の"能"、「能力」の"能"です。

Wǒ　néng　cān jiā　huì yì.
我　能　参加　会议。 ([資格があって、スケジュールの都合がついて…]
わたし　できる　参加する　会議　　わたしは会議に参加できます。)

Bà ba　néng　yóu　liǎng qiān mǐ.
爸爸　能　游　两千米。 (お父さんは2000メートル泳げます。
父　できる　泳ぐ　2000メートル　[お父さんは2000メートル泳ぐ能力がある])

> ★能力を言う場合は、具体的な数量を言うことが多いです。

---

kě yǐ
可以 ある条件の下で「できる」、許可されて「できる」、「〜してもよい」
「可能」の"可"、「許可」の"可"です。

Wǒ　kě yǐ　cān jiā　huì yì .
我　可以　参加　会议 。
わたし　できる　参加する　会議
（[資格があって、スケジュールの都合がついて…]
わたしは会議に参加できます。）

★ある条件の下で可能であるという場合は、"能"と"可以"のどちらも使えます。

Wǒ　kě yǐ　wèn wen　tā .
我　可以　问问　她 。
わたし　できる　聞いてみる　彼女
（わたしは彼女に聞いてみることができます。
／わたしは彼女に聞いてみてもいいです。）

Zhèr　kě yǐ　chōu　yān　ma ?
这儿 可以　抽　烟　吗 ？
ここ　できる　吸う　タバコ　か
（ここはタバコを吸えますか？
／ここはタバコを吸ってもいいですか？）

★「〜してもよい」と訳して、許されるというニュアンスを表すこともできます。

"会""能""可以"を比べてみよう！

会話スキットにある"会""能""可以"の文を比べてみましょう。

Tā　yě　huì　shuō　Hàn yǔ　ma ?
她 也 会　说　汉语 吗 ？
彼女　も　できる　話す　中国語　か
（彼女も中国語を話せますか？）
★語学など、習得してできることは"会"。

【音声は会話スキット（🎧119、121）を参照してください】

Tā　yě　huì　shuō　Hàn yǔ .
她 也 会　说　汉语 。
彼女　も　できる　話す　中国語
（彼女も中国語を話せます。）
★語学など、習得してできることは"会"。

Wǒ men　néng　jiàn　yi　miàn ,　hǎo hāor　liáo liao　ma ?
我们　能　见 一 面 ，　好好儿　聊聊　吗 ？
わたしたち　できる　一度対面する　存分に　おしゃべりする　か
（わたしたち、一度会って、存分におしゃべりできますか？（一度会わせていただけますか？））
★時間があるといった状況の下で、会っておしゃべりすることができる"能"。"可以"も OK。
"能…吗？"の疑問形を使うと、「〜していただけますか？」という依頼表現にも使えます。

Wǒ　kě yǐ　wèn wen　tā .
我 可以　问问　她 。
わたし　できる　聞いてみる　彼女
（わたしは彼女に聞いてみることができます。／わたしは彼女に聞いてみてもいいです。）
★劉さんのために聞いてみてあげてもよい、という"可以"。

心が安らぐ場所は我が故郷である（蘇軾『定風波』）

どの場合も、前に "不" を付ければ否定になります。

> **不** | 会／能／可以 | 動詞

Wǒ	bú	huì	tán	gāng qín .
我	不	会	弹	钢琴 。
わたし	否定	できる	弾く	ピアノ

（わたしはピアノを弾けない。
[ピアノを習っていない、練習していない]）

Wǒ	bù	néng	yóu	liǎng qiān mǐ .
我	不	能	游	两千米 。
わたし	否定	できる	泳ぐ	2000メートル

（わたしは 2000 メートル泳げない。
[2000 メートル泳ぐ能力がない]）

Wǒ	bù	néng	cān jiā	huì yì .
我	不	能	参加	会议 。
わたし	否定	できる	参加する	会議

（わたしは会議に参加できない。
[参加資格がない、スケジュールが合わない…]）

Zhèr	bù	néng	kě yǐ	chōu	yān .
这儿	不	能 ／ 可以		抽	烟 。
ここ	否定	できる		タバコを吸う	

（ここはタバコを吸ってはならない。）

"可以" の否定の "不可以" は、もっぱら「許されない」「～してはならない」という不許可・禁止の意味になり、条件的に「～できない」という意味を表すことはできません。

条件的に「～できない」というには、"能" の否定の "不能" を使います。

"不能" はまた、「～してはならない」という不許可・禁止の意味も表すことができます。

> つまり、"会" の否定以外は、"不能" を使えば間違いないということですね。
> ちょっと特別なのは、"我会喝酒。"「わたしはお酒を飲める。」の否定です。"我不会喝酒。"
> と言うと、身体的に酒を受け付けないという意味を表し、"我不能喝酒。" と言うと、条件的に飲めない（飲酒年齢に達していない、体調が悪い etc）を表します。"我会抽烟。"「わたしはタバコを吸える。」も同様に、"不会" と "不能" でニュアンスが変わります。

注目 "会" "能" "可以" を比べてみよう！

Wǒ	bú	huì	yóu yǒng .
我	不	会	游泳 。
わたし	否定	できる	泳ぐ

（わたしは泳げない。
[泳ぎ方を知らない、泳ぎをマスターしていない…]）

Wǒ	bù	néng	yóu yǒng .
我	不	能	游泳 。
わたし	否定	できる	泳ぐ

（わたしは泳げない。
[泳ぐ能力がない、体調が悪い、泳ぐのが禁止されている…]）

Zhèr	bù	kě yǐ néng	yóu yǒng .
这儿	不	可以 ／ 能	游泳 。
ここ	否定	できる	泳ぐ

（ここは泳げない。
[泳ぐのが禁止されている]）

1 次の日本語に合うように、［　］の中からふさわしい助動詞を選んでください（複数可）。答えの音声を聞いて復唱しましょう。

1

あなたはピアノが弾けますか？

Nǐ 　　　　　　　　　　　　　　 tán gāng qín ma ?
你 ［会／能／可以］弹钢琴吗？

2

わたしは車を運転できます。

Wǒ 　　　　　　　　　 kāi chē.
我 ［会／能／可以］开车。

3

（都合が悪くて）彼は会議に参加できません。

Tā bù 　　　　　　　　　　 cān jiā huì yì .
他不 ［会／能／可以］参加会议。

1

わたしは 100 メートル泳げません。

Wǒ bù 　　　　　　　　　　 yóu yì bǎi mǐ .
我不 ［会／能／可以］游一百米。

2

彼女を連れて来てもいいです。

Nǐ 　　　　　　　　　 dài tā lái .
你 ［会／能／可以］带她来。

3

ここは写真を撮ってもよろしいですか。

Zhèr 　　　　　　　　　　 zhào xiàng ma ?
这儿 ［会／能／可以］照相吗？
　　　　　　　　　　　　（写真を撮る）

2 簡体字をなぞり書きしましょう。カッコ内の日本の漢字と比べて覚えてください。

tán/dàn（弾）	钢 gāng（鋼）	议 yì（議）	两 liǎng（両）	问 wèn（問）

第**8**課

会話スキットで出てきた"聊聊"や"问问"は、動詞の"聊"や"问"を重ねた形です。動詞を重ねることで、「ちょっと～する」「～してみる」というニュアンスが加わります。

重ねる方法は、動詞を繰り返す方法と、"一"を挟んで繰り返す方法があります。

liáo
聊
おしゃべりする
▶
liáo liao　liáo yi liáo
聊聊／聊一聊
ちょっとおしゃべりする
おしゃべりしてみる

jiàn
见
会う
▶
jiàn jian　jiàn yi jiàn
见见／见一见
ちょっと会う
会ってみる

kàn
看
見る、読む
▶
kàn kan　kàn yi kàn
看看／看一看
ちょっと見る（読む）
見てみる（読んでみる）

xiǎng
想
考える
▶
xiǎng xiang　xiǎng yi xiǎng
想想／想一想
ちょっと考える
考えてみる

shuō
说
話す
▶
shuō shuo　shuō yi shuō
说说／说一说
ちょっと話す
話してみる

xiū xi
休息
休む
▶
xiū xi xiū xi
休息休息
ちょっと休む

"休息休息"のような2音節の動詞の重ね型には、間に"一"を入れる形はありません。

主語が"我"なら、「わたしはちょっと～する、してみる」という意味ですが、主語がもし"你"なら、「ちょっと～しなさい」「ちょっと～してみてください」という意味になり、人にすすめたり、何かを頼んだりするときに使えます。

Wǒ　cháng chang.
我　尝尝。
わたし　ちょっと味見をする
（わたしはちょっと味見してみます。）

Nǐ　cháng chang.
你　尝尝。
あなた　ちょっと味見をする
（あなたちょっと味見してみてください。）

「ちゃんと～、しっかり～、よく～、存分に～」という意味の副詞である"好好儿"など、強調することばが付いたら、「ぜひ」というニュアンスが加わります。

Hǎo hāor　liáo liao.
好好儿　聊聊。
よく、存分に　おしゃべりする
（存分におしゃべりする。）
（ぜひおしゃべりしましょう。）

Hǎo hāor　xiǎng xiang.
好好儿　想想。
よく、しっかり　考える
（よく考える。）
（ぜひ考えてください。）

重ね型の発音

1音節の動詞の場合、後ろは軽声で発音します。

liáo liao	jiàn jian	kàn kan	xiǎng xiang	shuō shuo
聊聊	见见	看看	想想	说说

間に"一"を入れる場合、"一"のみ軽声で発音します。前後の動詞部分は声調がつきます。

liáo yi liáo	jiàn yi jiàn	kàn yi kàn	xiǎng yi xiǎng	shuō yi shuō
聊一聊	见一见	看一看	想一想	说一说

2音節の動詞の場合、そのまま繰り返したり、後ろをすべて軽声にしたりするようです。

xiū xi xiū xi
休息休息

> ちょっとややこしいですね（汗）。ただ、このように発音するほうが
> ラクなので、自分で声に出して発音して試してみてください。
> とはいっても、これらはあくまで原則。実際に話すときには、その
> ときの感情にもよりますし、個々の訛り、口調にもよります。ネイティ
> ブもさほど気にしていないので、しっかり区別しなくても大丈夫です！

練習

日本語に合うように空欄をうめてください。答えの音声を聞いて復唱しましょう。 🎧 **125**

1 ちょっと見てみます。

　Wǒ
　我 _____ 。

2 ちょっと食べてみます。

　Wǒ
　我 _____ 。

3 あなたはよく考えてみてください。

　Nǐ
　你 _____ 。

4 ちょっと休憩したい。

　Wǒ xiǎng
　我 想 _____ 。

5 あなたちょっと言ってみてください。

　Nǐ
　你 _____ 。

6 時間があったら、ゆっくりおしゃべりしましょう。

　Yǒu shí jiān
　有 时间, _____ 。

ロールプレイ　本文の内容を思い出しながら、次のことを話しましょう。

① 友達について話し、彼女は『三国演義』が好きだと紹介する。

② そう？彼女も中国語を話せるの？と聞く。

③ 話せると答える。

④ あなたたちはすごいとほめ、彼女と会っておしゃべりできる？とたずねる。

⑤ いいね！と承知して、彼女に聞いてみると答える。

練習問題　次の日本語を中国語にしてください。簡体字とピンインを書きましょう。

① わたしの友達は『三国演義』がとても好きです。

_____

② 彼女も中国語を話せる？

_____

③ 彼女も中国語を話せます。

_____

④ あなたたちみんなすごいね。

_____

⑤ ぼくたち一度会っておしゃべりできるかな？

_____

⑥ いいね、彼女に聞いてみてもいいよ。

_____

⑦ わたしは水泳ができます。

_____

⑧ わたしは会議に参加できます。

_____

⑨ ここでは写真を撮ってもいいですか？

⑩ ここではタバコを吸ってはいけません。

教えて！ 小老師　次の質問に答えられますか？
答えられたら、この課の内容をマスターできています！

❶ 語学や習い事、スポーツについて「できる」というとき、中国語は何を使いますか？

❷ 「今日は用事がないから行くことができる」の「できる」は、中国語は何を使いますか？

❸ 許可を求めたりするとき、中国語でどう言いますか？

❹ 禁止の場合、"不会"と言うことができますか？

❺ 依頼をするときには、どのような形を使えますか？

❻ 「お酒が飲めない」と言いたいとき、"我不会喝酒。"と"我不能喝酒。"はどう違いますか？

学習評価表　"量变到质变"…量の変化から質の変化が起こる学習の成果を自分で確認し、歩みを確実なものにしましょう。

読む回数	ピンインを見ながら読む	漢字だけを見て読む	日本語を見て中国語で言う
1			
2			
3			
4			
5			
6			
N			

5・7・5のリズムで中国語を楽しもう！ 五七五 三行日記
◇◇◇◇◇◇◇

| wǒ | de | hǎo péng you | tā | hěn | xǐ huan | kàn | Sān guó | yě | huì | shuō | Hàn yǔ |

我 的 好朋友　她 很 喜欢 看《三国》 也 会 说 汉语

（わたしの親友ね、『三国志』が大好きで、中国語も話せるの。）

1 鈴木さんの友人に会ってから、彼女について話しています。
ピンインと日本語訳を見ながら、音声を聞いてみましょう。

127

 Nǐ de péng you Hàn yǔ shuō de zhēn hǎo.
（あなたの友達、中国語を話すのが本当に上手だね。）

 Tā shuō, tā shuō de hái bú tài hǎo.
（まだあまり上手じゃないって、彼女は言ってる。）

Tā hái xǐ huan yóu yǒng、chàng gē、dǎ wǎng qiú ......
（彼女、水泳にカラオケ、テニスも好きなの。）

 Tā de ài hào zhēn duō a!
（彼女は本当に多趣味だね！）

 Tā hái xǐ huan chā huā, wǒ hé tā yì qǐ zài xué.
（彼女はさらにいけばなも好きで、わたしは彼女と一緒に習っているのよ。）

 Zhēn de! Zhēn liǎo bu qǐ! Nǐ chā de zěn me yàng?
（本当に！ すごいね！ 腕前はどう？）

 Hái chà de yuǎn ne.
（まだまだだよ。）

ワンポイント

　　　2行目から3行目にかけての、鈴木さんのセリフを見てください。最初の"她说"の後ろは「，」、次の"游泳"と"唱歌"の後ろは「、」ですね。中国語の文章では「，」と「、」の役割がはっきり分かれています。

　「，」は、意味の切れ目を表したり、ポーズを置くところに付けるもので、日本語の読点と同じ役割です。一方の「、」は単語と単語の並列を表します。つまり、"她说，……"は「彼女が言うには、～」の「、」で、"游泳、唱歌、打网球"は「水泳と歌とテニス」の「と」にあたります。

　日本語ではどちらも「、」で表せるので、中国語のこの使い分けは面倒に感じるかもしれません。でも、中国語の文章を読むときは、この違いによってより明確に文章の意味がわかりますので、じつはありがたい存在なのです。

2 漢字とピンインを見ながら、もう一度聞いてみましょう。 127

Nǐ de péng you Hàn yǔ shuō de zhēn hǎo.
你 的 朋友 汉语 说 得 真 好。

Tā shuō, tā shuō de hái bú tài hǎo.
她 说，她 说 得 还 不 太 好。

Tā hái xǐ huan yóu yǒng chàng gē dǎ wǎng qiú
她 还 喜欢 游泳、唱歌、打 网球……

Tā de ài hào zhēn duō a !
她 的 爱好 真 多 啊！

Tā hái xǐ huan chā huā, wǒ hé tā yì qǐ zài xué.
她 还 喜欢 插花，我 和 她 一起 在 学。

Zhēn de ! Zhēn liǎo bu qǐ ! Nǐ chā de zěn me yàng ?
真 的！真 了不起！你 插 得 怎么样?

Hái chà de yuǎn ne.
还 差 得 远 呢。

3 音声を聞いて、ピンインと意味を確認しながら、単語を発音しましょう。 128

de 得	助	（様態補語を導く）	hái 还	副	まだ、さらに、また
bú tài 不 太…		あまり〜でない	yóu yǒng 游 泳	動 名	泳ぐ [離合詞→ P.122] 水泳
chàng 唱	動	歌う	gē 歌	名	歌
dǎ 打	動	球技や遊びをする、 打つ、叩く	wǎng qiú 网球	名	テニス
ài hào 爱好	名 動	趣味 好む、愛好する	chā huā 插 花	動 名	花を生ける [→ P.122] いけばな
hé 和	介 接	〜と 〜と〜	yì qǐ 一起	副	一緒に
zài 在	副	〜している	zěn me yàng 怎么样	疑	どうであるか、 どのようであるか
zhēn de 真的		本当に	(hái) chà de yuǎn （还）差得远		まだまだである

第 9 課

4 会話をゆっくり読みます。ピンイン、漢字を見ながら、
音声の後について読みましょう。 129

〈〜（するの）が〉
動詞＋ "得"

Nǐ de péng you — shuō de
你 的 朋友 — 说 得
あなたの友達 — 話すのが

＋

〈どうである〉
補語

zhēn hǎo.
真 好。
とても上手

「話すのが上手だ」のように、「何がどうである」と説明する表現です。この「どうである」の部分、すなわち「何が」にあたる動作や行為などについて具体的な説明を補うものを「補語（ほご）」といいます。

中国語の補語にはいくつかの種類がありますが、この例文での補語は、「どうである、どんなだ」＝様態・状態を説明するもので、「様態補語（ようたい）」といいます。ここにある "得 de" は、前にある動詞（〜するのが）と後の様態補語（どうである）を結びつける印として、必ず動詞のすぐ後に付けます。今の段階では、「動詞＋ "得"」の形を見たら「あ、様態補語だ」と思ってください。

基本の形として、様態補語の部分に形容詞を使う例を見てみましょう。

〜するのが   〜である
動詞 ＋ 得 ＋ 様態補語

Tā pǎo de hěn kuài.
他 跑 得 很 快。
彼　　走るのが　　速い　　　　　　（彼は走るのが速い。）

Dì di qǐ de hěn wǎn.
弟弟 起 得 很 晚。
弟　　起きるのが　　遅い　　　　　（弟は起きるのが遅い。）

Zhāng xiān sheng chàng de fēi cháng hǎo.
张 先生 唱 得 非常 好。
張さん（男性）　歌うのが　とても上手　（張さんは歌うのがとても上手だ。）

Lǐ xiǎo jiě zuò de zhēn hǎo.
李 小姐 做 得 真 好。
李さん（女性）　行うのが（＝やり方は）　本当に良い　（李さんのやり方はすばらしい。）

> ★「〜するのが」は「〜する方法が」と訳すこともできます。

　様態補語となる形容詞にも、第2課で学習した形容詞の文と同じで、ふつう、程度を表す副詞を付けます。

　通常の場合には "很" を付けます。この "很" には、形容詞の文と同じで、とりたてて「とても」という意味はありません。「とても」という意味を表したいときは、"很" を強調して言うか、"非常" や "真" などを使います。

否定 否定する場合は、様態補語の部分を否定します。
"不" のほか、「あまり～でない」という意味の"不太…"を使うこともできます。

Tā	pǎo	de	bú	kuài .
他	跑	得	不	快 。
彼	走るのが		否定	速い

（彼は走るのが速くない。）

Wǒ	shuō	de	bú tài	hǎo .
我	说	得	不太	好 。
わたし	話すのが		あまり～でない	上手である

（わたしは話すのがあまり上手ではない。）

Wǒ	zuò	de	bú tài	hǎo .
我	做	得	不太	好 。
わたし	やり方は		あまり～でない	良い

（わたしのやり方はあまり良くない。）

疑問 様態補語の部分に、「どうであるか?」とたずねる疑問詞"怎么样"（→ P.88）を入れると、「～するのはどうですか?」「～する腕前はどうですか?」とたずねられます。

Tā	shuō	de	zěn me yàng	?
她	说	得	怎么样	?
彼女	話すのは		どうであるか	

（彼女は話すのはどうですか?
／彼女が話す腕前はどうですか?）

"吗" の疑問文にすると、もっと直接的に「～するのは～ですか?」とたずねます。

Tā	shuō	de	hǎo	ma	?
她	说	得	好	吗	?
彼女	話すのは		上手である	か	

（彼女は話すのは上手ですか?）

第9課

　ここでは「動詞＋"得"＋形容詞」という、様態補語のいちばん基本的な形を説明しましたが、じつは様態補語はとても幅広い使い方ができる表現方法です。
　たとえば、動詞だけでなく、形容詞にも付けることができ、「その状態がどうである」と、形容詞が表す状態について具体的に説明することができます。たとえば"我高兴得跳了起来。"は「わたしは飛び上がるほどうれしかった」という意味で、「どのように"高兴"（うれしい）なのか」を説明します。
　また、様態補語となるものは形容詞だけでなく、複数の語句で構成されるフレーズや文なども当てることができます。
　まずここにある「動詞＋"得"＋形容詞」の基本的な用法をマスターして、それから徐々に複雑な表現を学んでいきましょう。

| 主語〈～は〉 | + | （動詞） | + | 目的語〈～を〉 | + | 動詞＋"得"〈～（するの）が〉 | + | 〈どうである〉補語 |

Nǐ de péng you	shuō	Hàn yǔ	shuō de	zhēn hǎo .
你 的 朋友	说	汉语	说 得	真 好 。
あなたの友達		中国語	話すのが	とても上手

　様態補語は、必ずその印の"得"とともに動詞の後ろに付けます。では、「～を～するのがどうである」というように、目的語が必要な場合、目的語はどうしたらよいでしょうか。

　その方法はカンタン。順番に並べるだけです。具体的に言うと、まず「動詞＋目的語」を言い、その後に動詞を繰り返して様態補語を付け加えます。「補語」はあくまで「補うことば」です。

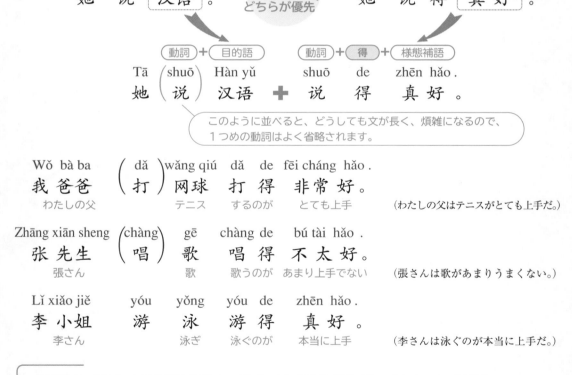

| Tā | shuō | Hàn yǔ . |
| 她 | 说 | 汉语 。 |

目的語と様態補語、どちらが優先？

| Tā | shuō de | zhēn hǎo . |
| 她 | 说 得 | 真 好 。 |

動詞 ＋ 目的語　　動詞 ＋ 得 ＋ 様態補語

| Tā | shuō | Hàn yǔ | ＋ | shuō | de | zhēn hǎo . |
| 她 | 说 | 汉语 | ＋ | 说 | 得 | 真 好 。 |

このように並べると、どうしても文が長く、煩雑になるので、１つめの動詞はよく省略されます。

Wǒ bà ba	dǎ	wǎng qiú	dǎ de	fēi cháng hǎo .	
我 爸爸	打	网球	打 得	非常 好 。	（わたしの父はテニスがとても上手だ。）
わたしの父		テニス	するのが	とても上手	

Zhāng xiān sheng	chàng	gē	chàng de	bú tài hǎo .	
张 先生	唱	歌	唱 得	不 太 好 。	（張さんは歌があまりうまくない。）
張さん		歌	歌うのが	あまり上手でない	

Lǐ xiǎo jiě	yóu	yǒng	yóu de	zhēn hǎo .	
李 小姐	游	泳	游 得	真 好 。	（李さんは泳ぐのが本当に上手だ。）
李さん		泳ぎ	泳ぐのが	本当に上手	

　"游泳"は、「泳ぐ」という動詞"游"と、「泳ぎ」という名詞"泳"がセットになって、「水泳をする」というひとつの単語として扱います。このように、動詞とその目的語となる名詞がセットになってひとつの単語とみなされるものが「離合詞（りごうし）」です。離合詞はほかに、"见面"「会う」、"回家"「帰宅する」、"散步"「散歩する」、"睡觉"「眠る」など、２文字の動詞にたくさんあり、動詞と目的語を切り離して使うこともよくあります。

　ただ、"游＋泳＋游＋得＋真好"という形の様態補語の場合は、"打网球"や"唱歌"のように前の動詞を省略することはあまりありません。

先天下之忧而忧，后天下之乐而乐　xiān tiānxià zhī yōu ér yōu, hòu tiānxià zhī lè ér lè

練習

1　次の日本語を中国語にしましょう。

1 あなたは話すのが本当に上手です。

_____ 。

2 彼は走るのがあまり速くありません。

_____ 。

3 張先生は歌を歌うのが上手ですか？

_____ ？

2　次の日本語に合うように、中国語を正しい順番に並べてください。

1 弟は起きるのが早くありません。　　起 / 弟弟 / 不 / 得 / 早

_____ 。

2 彼女は中国語を話すのが流暢です [流利 liú lì]。　　她 / 汉语 / 流利 / 说 / 得 / 说 / 很

_____ 。

3 彼の中華料理の腕前はどうですか？　　他 / 做 / 得 / 中国菜 / 怎么样

_____ ？

3　問題１と問題２の文章を、絵を見ながら音声を聞いて復唱しましょう。

第9課

学習のポイント 3 「〜している」の "在"

134

| 主語＋（介詞フレーズなど）＋ | "在"〈〜している〉 | ＋ | 動詞（述語） | ＋ | 目的語 |

Wǒ hé tā yì qǐ　　zài　　　xué　　chā huā .
我 和 她 一起　　在　　　学　　插花 。
わたし 彼女と 一緒に　〜している　学ぶ　いけばな

第5課で、「ある／いる」を表す "在" と、「"在"＋場所」の形で「〜で」を表す "在" を学びました。"在" にはもうひとつの用法があります。それがこの「〜している」という意味で、動作や行為が進行している、あるいは状態が持続していることを表す副詞の用法です。

副詞として使う場合、述語となる動詞の前に "在" を置きます。このとき文末に "呢" を付けると「〜しているよ」と強調され、さまざまなニュアンスが加わります。

在 ＋ 動詞
Jiě jie zài xǐ yī fu .
姐姐 在 洗 衣服 。
姉 〜している 洗う 服
（姉は洗濯をしている。）

在 ＋ 動詞
Bà ba zài kàn shū (ne).
爸爸 在 看 书 (呢)。
父 〜している 読む 本 よ
（父は読書している（よ）。）

> ただたんに「勉強している」「読書している」という行為だけを言う場合は、"呢" を付けません。"呢" を付けると、「〜だから邪魔しないで」、「彼は遊んでいないよ」などのニュアンスが加わります。
> 実際の会話ではまれに "在" を省略して、"姐姐洗衣服呢。""爸爸看书呢。" と言うこともあります。この場合、"呢" が進行形のマークだと見ることもできますが、"呢" はあくまでも「〜しているよ」の「よ」にあたる語気を表すことばであり、「"呢"＝進行形」だと思わないほうがいいですね。

"在" の前に "正 zhèng" を付けて "正在" とすると、「今まさに、ちょうど今〜しているところだ、〜している最中だ」というニュアンスになります。

Tā zhèng zài jiē diàn huà (ne).
他 正在 接 电话 (呢)。
彼 ちょうど〜している 受ける 電話 よ
（彼はちょうど電話に出ているところだ（よ）。）

否定　否定する場合には、"不" ではなく "没有 méi you" を使います。
"没有" は「〜していない」「〜しなかった」という意味です。よく "有" を省略し "没" だけでも使います。この "没" は第7課で学んだ「持っている、ある／いる」の "有" を否定する "没" とは意味が異なるので注意してください。

没(有) 在 ＋ 動詞
Tā méi/you zài xué xí .
他 没有 在 学习 。
彼 否定 〜している 勉強
（彼は今勉強していない。）

> この否定文は単独では使いにくく、「〜しているのではなく、〜している」というように訂正する場合によく使います。例えば "他没（有）在学习，在看电视呢。"「彼は勉強をしているのではなく、テレビを見ている」というふうに。

124  三人行必有我师焉　sān rén xíng bì yǒu wǒ shī yān

注目 「〜で」の "在" と重複するとき

「父は書斎で本を読んでいる」のように、「〜で〜している」と言うとき、"在" が重複しないようにします。

Bà ba　zài　shū fáng　　　　kàn shū .
爸爸　在　书房　✕　看　书。
父　　　書斎で　　　　　読む　本
（父は書斎で本を読んでいる。）

ということは、「お父さんは書斎で本を読みます」と同じ形になり、「読む」なのか「読んでいる」なのかは、前後の文脈から判断することになります。

練習

[1] 次の日本語に合うように、中国語を正しい順番に並べてください。
答えの音声を聞いて復唱しましょう。
135

■ 彼は電話に出ています。　　他 / 接 / 在 / 电话

_____。

■ 彼はスマホで遊んで [玩儿 wánr] いません。　　他 / 玩儿 / 在 / 没 / 手机

_____。

■ 彼は料理をしているのではなく、休んでいます。　　他 / 做菜 / 在 / 没 / 休息 / 在

_____,_____。

■ 彼女は今勉強していますよ。　　正在 / 呢 / 学习 / 她

_____。

[2] 音声を聞いてください。そしてそれぞれの音声について、何をしているところか、中国語で言いましょう。（主語は自由に設定してください。）

136

■

_____

■

_____

■

_____

三人行えば必ず我が師あり（『論語』）

第9課

第9課のふりかえり

ロールプレイ　本文の内容を思い出しながら、次のことを話しましょう。

① あなたの友達は中国語が上手だとほめる。

② 彼女の話を紹介し、彼女の趣味（歌、テニス）について話す。

③ 彼女は多趣味だねと驚く。

④ 彼女はさらにいけばなも好きで、一緒に習っていると言う。

⑤ （いけばなを習っていることに）驚いて、腕前について聞く。

⑥ まだまだよ、と謙遜する。

練習問題　次の日本語を中国語にしてください。簡体字とピンインを書きましょう。

① あなたの友達、中国語を話すのが本当に上手だね。

_____

② 彼女はまだあまり上手じゃないと言ってる。

_____

③ 彼女の趣味は本当に多いね。

_____

④ わたしは彼女と一緒にいけばなを習っている。

_____

⑤ あなたのいけばなの腕前はどう？

_____

⑥ まだまだだよ。

_____

⑦ 彼女は歌うのが上手ではありません。

_____

⑧ 父がテニスがたいへん上手だ。

_____

⑨ 彼は電話に出ているところですよ。

⑩ 彼は勉強していません。

次の質問に答えられますか？
答えられたら、この課の内容をマスターできています！
- -

❶ 「動詞＋"得"＋形容詞」の中で、なぜ形容詞の前によく"很"などを使いますか？

❷ 様態補語の否定文は、どのように作りますか？

❸ 「彼は中国語を話すのが上手だ」のように目的語がある場合は、どういう順番になりますか？

❹ 「〜している」と言いたいときは、どう言えばいいですか？

❺ 進行を表す文には、時々"呢"を使います。そのニュアンスについて説明してください。

❻ 「今、〜していない」は、中国語でどう言えばいいですか？

学習評価表

"量变到质变"…量の変化から質の変化が起こる学習の成果を自分で確認し、歩みを確実なものにしましょう。

読む回数	ピンインを見ながら読む	漢字だけを見て読む	日本語を見て中国語で言う
1			
2			
3			
4			
5			
6			
N			

第9課

5・7・5のリズムで中国語を楽しもう！ 五七五 三行日記

◇◇◇◇◇◇◇

wǒ zài xué chā huā　nǐ huā chā de zěn me yàng　hái chà de yuǎn ne

我在学插花　你花插得怎么样　还差得远呢

（わたしはいけばなを習ってる。腕前はどう？　まだまだだよ。）

文法ポイントと会話のまとめ

学んだことをまとめます。きちんと覚えたか確認しましょう！

重要文法 **3つの「～できる」**

| 主語 | ＋ | 助動詞 会／能／可以 | ＋ | 動詞（＋目的語） |

「会得する」の"会"、「能力・可能」の"能"、「可能、許可」の"可以"。3つの
「～できる」の使い方をマスターしましょう。否定形についても復習してください。

Wǒ　　　　　huì　　　　shuō　　　Hàn yǔ .
我　　　　　会　　　　说　　　　汉语 。
　　　　（わたしは中国語を話せます。）

Bà ba　　　　　néng　　　　yǒu　　　liǎng qiān mǐ .
爸爸　　　　　能　　　　　游　　　两千米 。
　　（お父さんは 2000 メートル泳げます。）

Zhèr　　bù　　kě yǐ　néng　chōu　　yān .
这儿　不　可以／能　抽　　烟 。
　　（ここはタバコを吸えません。／タバコを吸ってはなりません。）

重要文法 **様態補語**

目的語がない場合 | 主語 | ＋ | 動詞 | 得 | ＋ | 様態補語 どうである |

目的語がある場合

| 主語 | ＋ | （動詞） | ＋ | 目的語 | ＋ | 動詞 | 得 | ＋ | 様態補語 どうである |

動作や状態などについて"補足説明"するものが「補語」です。副詞や介詞など、
動詞や形容詞を修飾するものは、その動詞や形容詞の前に置くのですが、なんらか
の動作や状態があり、それを"補足説明"する補語は、動詞や形容詞の後ろに置き
ます。そして、目的語がある場合も"補足説明"なので後ろに置くと覚えましょう。

Nǐ de péng you （shuō）　Hàn yǔ　　shuō　de　　zhēn hǎo .
你 的 朋友 （说）　汉语　　说　得　　真好 。
　　（あなたの友達は中国語を話すのが本当に上手です。）

その他の文法事項

◆ 「～を持っている、ある／いる」： 人・物・場所 ＋ 動詞"有" ＋ 人・物・場所

　　存在を表す"在"との違いを確認しましょう。否定は"没"を使うことも重要なポイントです。

◆ 理由をたずねる： "为什么" …… ／ "因为" ……

◆ 「～するのが好き」： 主語 ＋ "喜欢" ＋ 動詞（＋目的語）／名詞

◆ 「～している」： 主語 ＋ 副詞"在" ＋ 動詞 （＋目的語）

　　存在を表す"在"、場所を表す"在"との違いを確認しましょう。
　　文末に"呢"を加えた場合、"正在"にした場合のニュアンスの違いも確認してください。

◆ 動詞の重ね型： "聊聊" "聊一聊" など

こんなとき何と言う？

第7課

	1回目	2回目	3回目
□ 中国語を勉強する理由をたずねる。	（　）	（　）	（　）
□ その理由を答える。	（　）	（　）	（　）
□ 自分も日本のアニメを見るのが好きだと言う。	（　）	（　）	（　）
□ どんなアニメが好きかたずねる。	（　）	（　）	（　）
□ 『ワンピース』が一番好きだと答える。	（　）	（　）	（　）
□ たくさんキャラクターグッズを持っていると言う。	（　）	（　）	（　）

第8課

	1回目	2回目	3回目
□ 友達について話し、彼女は『三国演義』が好きだと紹介する。	（　）	（　）	（　）
□ 彼女も中国語を話せるの？とたずねる。	（　）	（　）	（　）
□ 話せると答える。	（　）	（　）	（　）
□ あなたたち二人ともすごいね！と驚く。	（　）	（　）	（　）
□ 会っておしゃべりできるかな？とたずねる。	（　）	（　）	（　）
□ いいね！と承知して、彼女に聞いてみると答える。	（　）	（　）	（　）

第9課

	1回目	2回目	3回目
□ あなたの友達は中国語が上手だとほめる。	（　）	（　）	（　）
□ 彼女はまだそれほど上手くないと思っていると言う。	（　）	（　）	（　）
□ 彼女の趣味（歌、テニス）について話す。	（　）	（　）	（　）
□ 彼女は多趣味だと驚く。	（　）	（　）	（　）
□ 彼女はいけばなも好きだと言い、一緒に習っていると伝える。	（　）	（　）	（　）
□ （いけばなを習っていることに）驚いて、腕前について聞く。	（　）	（　）	（　）
□ 謙遜して、一言。	（　）	（　）	（　）

第 **10** 課 昨日何をしましたか？

1 劉さんは鈴木さんに、昨日のことをたずねています。
ピンインと日本語訳を見ながら、音声を聞いてみましょう。

 138

 Zuó tiān nǐ zuò shén me le？
（昨日あなたは何をしたの？）

 Wǒ qù Shén tián le．Wǒ mǎi le hěn duō xué chā huā de shū．
（神田へ行ったよ。いけばなの教本をたくさん買ったよ。）

 Nǐ zhēn xǐ huan chā huā a！ Xué le duō cháng shí jiān le？
（あなたは本当にいけばなが好きなんだね。どのくらいの間勉強しているの？）

 Wǒ xué le shí duō nián le．
（10年以上勉強しているよ。）

Wǒ de lǎo shī jiāo le jǐ shí nián le．
（わたしの先生は数十年も教えているよ。）

 Tài lì hai le！ Nǐ hái xiǎng xué duō jiǔ ne？
（すごいね！ あなたはまだあとどのくらい勉強したい？）

 "Huó dào lǎo， xué dào lǎo" ma．
（「生きている限り学び続ける」って言うじゃない。）

ワンポイント

 鈴木さんのいけばなの話は、私自身の話です。
　　草月流のいけばなを習って、二十数年経ちました。日本人の美的感覚、伝統文化の魅力を、先生方から学ぶことができ、本当に良かったと思っています。
　「花は人なり」―草月の勅使河原蒼風先生のことばです。各々の個性を大切に、違いを「間違い」と切り捨てず、そこからあらためて学び合うという精神は、語学の上達にも通じるものがあります。
　植物は恩人、いけばなは恩返し、切ることはより強く結ばれること、生けることは夢を心に植えること…。

2 漢字とピンインを見ながら、もう一度聞いてみましょう。 138

Zuó tiān　nǐ　zuò　shén me　le?
昨天 你 做 什么 了?

Wǒ　qù　Shén tián　le.　Wǒ　mǎi　le　hěn　duō　xué　chā huā　de　shū.
我 去 神田 了。我 买 了 很 多 学 插花 的 书。

Nǐ　zhēn　xǐ huan　chā huā　a!　Xué　le　duō cháng　shí jiān　le?
你 真 喜欢 插花 啊! 学 了 多长 时间 了?

Wǒ　xué　le　shí duō nián　le.
我 学 了 十多年 了。

Wǒ　de　lǎo shī　jiāo　le　jǐ　shí nián　le.
我 的 老师 教 了 几 十 年 了。

Tài　lì hai　le!　Nǐ　hái　xiǎng　xué　duō jiǔ　ne?
太 厉害 了! 你 还 想 学 多久 呢?

Huó　dào lǎo,　xué　dào lǎo　ma.
"活 到 老,学 到 老"嘛。

3 音声を聞いて、ピンインと意味を確認しながら、単語を発音しましょう。 139

zuó tiān 昨天	名 昨日	zuò 做	動 する、やる、作る
le 了	助 動作や状態の完了や実現、変化などを表す	mǎi 买	動 買う
shū 书	名 本	lǎo shī 老师	名 先生
jiāo 教	動 教える	lì hai 厉害	形 すごい
duō cháng shí jiān 多长 时间	疑 どのくらいの時間（時間の長さをたずねる）	duō jiǔ 多久	疑 どのくらいの時間（＝"多长时间"）
duō 多	形 多い、〜余りの	shí duō nián 十 多 年	（「十」+「余り」+「年」）10年余り、10年以上
jǐ shí nián 几十年	（「幾／数」+「十」+「年」）数十年	ma 嘛	助 念押し、確認、注意などを表す「〜じゃないか」
Shén tián 神田	（地名）神田	huó dào lǎo, xué dào lǎo 活到老，学到老	（ことわざ）生きている限り学び続ける

4 会話をゆっくり読みます。ピンイン、漢字を見ながら、音声の後について読みましょう。 140

第10課

会話の中にあったこの2つの文章を見てください。

| 動詞 | 目的語 | | 動詞 | 目的語 |
| 我 去 神田 了 。 | | | 我 买 了 很多学插花的书 。 | |

（わたしは神田へ行きました。）　　　　（わたしはたくさんのいけばなの本を買いました。）

この2つの文章はどちらも「行った」「買った」という、すでに動作が完了した、実現したことを言っています。このように、動作の完了・実現を表すには、動詞に "了" を付けて表します。

ただ、この2つの文章にはちょっと違いがありますね。左側の文章では、"了" が動詞 "去" と離れて文末にあります。右側の文章では、動詞 "买" と "了" がくっついています。

文のポイントが動作にあるのか、目的語にあるのかによって、"了" の位置が変わります。

動作をしたかどうかを言いたいとき ▶▶▶ "了" は文末に　🎧 141

主語 ＋ 動詞 ＋ 目的語 ＋ "了"

Wǒ　　　qù　　Shén tián　　le .
我　　　去　　神田　　　了。

すでに動作を実行した、実現した、終わったんだ、と言いたいときは、"了" を文末に置きます。目的語に重点はありませんから、目的語にはあまり複雑な修飾語は付かず、シンプルな目的語であることがほとんどです。

	動詞 ＋ 目的語 ＋ 了			
Wǒ	shàng xīng qī	qù	Dà bǎn	le .
我	上星期	去	大阪	了。
わたし	先週	行く	大阪	〜した

（わたしは先週大阪へ行きました。）

Gāng cái	wǒ	xiě	bào gào	le .
刚才	我	写	报告	了。
さっき	わたし	書く	レポート	〜した

（さっきわたしはレポートを書きました。／
さっきわたしはレポートを書いていました。）

Zuó tiān	nǐ	zuò	shěn me	le ?
昨天	你	做	什么	了?
昨日	あなた	する	何	〜した

（昨日あなたは何をしましたか？）

「いつ〜する」の「いつ」に当たる語は、主語の後、動詞の前に置きますが、下の2つの文のように文頭に置くこともできます。文頭に置くと「いつ」が強調されます。

✏ 知之者不如好之者，好之者不如乐之者 zhī zhī zhě bù rú hào zhī zhě, hào zhī zhě bù rú lè zhī zhě

否定 「～していない」「～しなかった」の "没（有）" を使い、
「"没（有）" ＋動詞」で表します。このとき、"了" は消します。

没（有） 動詞 ＋ 目的語 ＋ ✗ ┐ "没有" の "有" はよく省略されます。

Wǒ	méi / you	qù	Shén tián .
我	没（有）	去	神田 。
わたし	～しなかった	行く	神田

(わたしは神田へ行きませんでした。)

疑問 「～しましたか？」とたずねるには、文末の "了" の後ろに "吗" を付けます。

Nǐ	qù	Shén tián	le	ma	?
你	去	神田	了	吗	?
あなた	行く	神田	～した	か	

(あなたは神田へ行きましたか？)

練習

┌─1─┐ 次の日本語を中国語にしましょう。
　　　答えの音声を聞いて復唱してください。 142

1 わたしは先週大阪に行きました。

_____ 。

2 わたしはさっきレポートを書いていました。

_____ 。

3 わたしは神田に行きました。

_____ 。

┌─2─┐ 次の日本語に合うように、中国語を正しい順番に並べましょう。
　　　答えの音声を聞いて復唱してください。 143

1 昨日あなたは何をしましたか？　　昨天 / 做 / 你 / 了 / 什么

_____ ？

2 彼は買い物に行っていません。　　去 / 他 / 没 / 东西 / 买

_____ 。

これを知る者はこれを好む者に如かず、これを好む者はこれを楽しむ者に如かず（『論語』）

▶ どんな目的語か、具体的に言いたいとき ▶▶▶ "了" は動詞の直後に

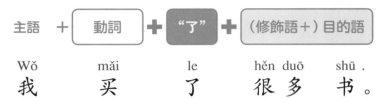

主語 ＋ 動詞 ＋ "了" ＋ （修飾語＋）目的語

Wǒ　　mǎi　　　le　　　hěn duō　shū .
我　　买　　　了　　　很多　书 。

「目的語について具体的に言いたいとき」というのは、たとえば「昨日どれだけ本を買ったの？」と聞かれて「たくさん買ったよ」と答えるようなときです。このような場合、目的語に「たくさんの」といった、具体的に説明する修飾語を付けて表すので、目的語がやや長くなります。そこで、"了" は動詞の直後に置き、「～した」と言ってからその内容を言います。

動詞 ＋ 了 ＋ （修飾語＋）目的語

Wǒ　kàn　le　　yí ge Zhōng guó diàn yǐng .
我　看　了　　一个　中 国 电影 。
わたし　見る　～した　1本の　　中国映画　　　（わたしは中国映画を1本見ました。）

Wǒ　mǎi　le　　yí shù piào liang de　huā .
我　买　了　　一束 漂亮 的　花 。
わたし　買う　～した　きれいな1束の　　　花　（わたしはきれいな花束を1束買いました。）

Gē ge　chī　le　　hěn　duō　　jiǎo zi .
哥哥　吃　了　　很 多　　饺子 。
兄　食べる　～した　たくさん　　餃子　　（兄は餃子をたくさん食べました。）

目的語には "一个" "一束" "很多" のような、数量を表すことばが修飾語として付くことが多いので、数量があれば「"了" は前！」と考えてだいじょうぶです。
　目的語に修飾語がないのに、動詞の直後に "了" が置かれるのは、会話のやり取りの中でたとえば「あなたはお茶を飲んだ？　それともコーヒーを飲んだ？（"你喝了茶, 还是喝了咖啡？"）」「お茶を飲んだ。（"我喝了茶。"）」というような場合などです。
　それ以外でもし、目的語に具体的な説明をする修飾語がなく、"我喝了茶。" "我喝了咖啡。" となっていると、この後にまだ何か文章が続く感じがしてしまいます。

否定　「"没（有）" ＋動詞」で、"了" は消します。　　"没有" の "有" はよく省略されます。

没（有） 動詞 ＋ ✖ ＋ 目的語

Wǒ　méi／you　kàn　　Zhōng guó diàn yǐng .
我　没 有　看　　中 国 电影 。
わたし　～しなかった　見る　　中国映画　（わたしは中国映画を見ませんでした。）

疑問 「～しましたか？」とたずねるには、文末に"吗"を付けます。

Nǐ kàn le nà ge Zhōng guó diàn yǐng **ma** ?
你 看 了 那个 中 国 电 影 **吗** ?
あなた 見る ～した あの 中国映画 か （あなたはあの中国映画を見ましたか？）

▍ 練習 ▍

1　次の日本語を中国語にしましょう。答えの音声を聞いて復唱してください。

1 わたしはたくさんの本を買いました。

_____。

2 わたしはきれいな花束を1束買いました。

_____。

2　次の日本語に合うように、中国語を正しい順番に並べましょう。
　答えの音声を聞いて復唱してください。

1 兄は餃子をたくさん食べました。　哥哥 / 很 / 多 / 吃 / 了 / 饺子

_____。

2 わたしはテレビドラマを見ませんでした。　我 / 没 / 电视剧 / 看

_____。

3 あなたはあの中国映画を見ましたか？　你 / 中国 / 了 / 电影 / 看 / 吗 / 那个

_____ ?

3　次の文で、"了"はAとBのどちらに入るか答え、文を読みましょう。

1 我做 ［A］ 很多菜 ［B］。　　　　　　　　　　　　答え：_____

2 我喝 ［A］ 酒 ［B］。　　　　　　　　　　　　　　答え：_____

3 我看 ［A］ 一本小说 ［B］。［小说 xiǎo shuō（小説）］　答え：_____

4 我发 ［A］ 短信 ［B］。［发 fā（発する、送る）］［短信 duǎn xìn（ショートメッセージ）］
　　　　　　　　　　　　　　　　　　　　　　　　　　　答え：_____

第10課

書物の貴重さは必要になってはじめてわかり、事の難しさは経験してはじめてわかる（陆游）

「いつ」という『時点』を表す語は、動詞の前、または文頭に置きます。

一方、「○時間」「○年間」といった『時間の長さ』を表す語は動詞の後に置きます。

時点
=動作・行為を行う
タイミング

主語 + いつ + 動詞
Wǒ　xīng qī tiān　xiū xi .
我　星期天　休息。
わたし　日曜日　休む
（わたしは日曜日に休みます。）

文法用語で「時量補語」といいます。

時間の長さ
=動作・行為を行う
時間の長さ

主語 + 動詞 + ○時間
Wǒ　　　　　xiū xi　liǎng ge xiǎo shí .
我　　　　　休息　两个小时。
わたし　　　休む　　2時間
（わたしは2時間休みます。）

時間の長さの言い方

「数字＋単位」の組み合わせで言います。「2」は"二 èr"ではなく、「2つ」という意味の数量を表す"两 liǎng"を使います。

yì nián 一 年 1年	liǎng ge yuè 两 个 月 2か月	sān ge xīng qī 三 个 星期 3週間	shí tiān 十 天 10日間
sì ge xiǎo shí 四 个 小时 4時間	wǔ ge bàn xiǎo shí 五 个 半 小时 5時間半	èr shí fēn zhōng 二十 分钟 20分間	shí jǐ tiān 十 几 天 十数日間

時間のほか、人やものの数も「数字＋単位＋人・もの」の形で言います。たとえば"一个人"は「1人の人」、"两本书"は「2冊の本」です。この"个"や"本"など、ものを数える単位を、中国語では「量詞」といいます。量詞については巻末のP.167でも紹介していますので参考にしてください。なお、人やものを数えるときの「2」は、「2つ」の意味の"两"を使います。

時間の長さをたずねる

"多长时间"または"多久"という疑問詞を使います。

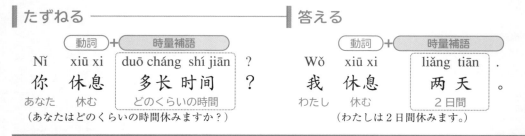

たずねる

動詞 + 時量補語
Nǐ　xiū xi　duō cháng shí jiān　?
你　休息　多长 时间　？
あなた　休む　どのくらいの時間
（あなたはどのくらいの時間休みますか？）

答える

動詞 + 時量補語
Wǒ　xiū xi　liǎng tiān .
我　休息　两天。
わたし　休む　2日間
（わたしは2日間休みます。）

路漫漫其修道远，吾将上下而求索 lù mànmàn qí xiūdào yuǎn, wú jiāng shàngxià ér qiúsuǒ

▶ 目的語や "了" などがある場合の語順

　時間の長さ（時量補語）は動詞の後に付けます。では、同じく動詞の後に付ける目的語や "了" とどう並べればよいのでしょうか。

1 "了" がある場合… "了" が優先

「動詞＋ "了" ＋時間の長さ」の順に並べます。

	動詞	了 +	時量補語	
Wǒ	xué	le	wǔ nián	.
我	学	了	五年	。
わたし	学ぶ	〜した	5年間	

（わたしは 5 年間学びました。）

　文末にも "了" を置くと、①「その動作・行為を現在も継続している」、②「その動作・行為をしてから、もう〜経過した」というニュアンスを表すことができます。

Wǒ	xué	le	wǔ nián	le	.
我	学	了	五年	了	。
わたし	学ぶ	〜した	5年間	〜になった	

（わたしは 5 年間学んでいます。
／わたしはもう 5 年間学んでいます。）

> 　会話スキットの "学了多长时间了?" "我学了十多年了。" "我的老师教了几十年了。" もこの使い方です。すなわち、
> 　　"学了多长时间了?" は「学んでどのくらいになりましたか?」、
> 　　"我学了十多年了。" は「学んでもう十数年（十年あまり）になり、今も続けています」、
> 　　"我的老师教了几十年了。" は「先生は教えてもう数十年になり、今も続けています」
> というニュアンスを表しています。
> 　①の意味しか覚えておらず、"我学了一个月了。" と言ってしまう方がよくいますが、②の意味がわかっていれば、ちょっと変だな、と感じるでしょう。

2 目的語がある場合

　次のいずれかの方法で並べます。

【A】時間の長さを優先する

	動詞	了 +	時量補語 +	(的)	目的語	
Wǒ	xué	le	wǔ nián	(de)	Hàn yǔ	.
我	学	了	五年	(的)	汉语	。
わたし	学ぶ	〜した	5年間	(の)	中国語	

（わたしは 5 年間の中国語を学びました＝わたしは 5 年間中国語を学びました。）

【B】目的語をとりたてて言いたいとき、動詞＋目的語を先に置き、補語を続ける

	(動詞)＋	目的語 +	動詞	了 +	時量補語	
Wǒ	xué	Hàn yǔ	xué	le	wǔ nián	.
我	学	汉语	学	了	五年	。
わたし	(学ぶ)	中国語	学ぶ	〜した	5年間	

（わたしは中国語を 5 年間学びました。）

道は果てしなく遠いが、わたしは懸命に真理を探究し続ける（屈原『離騒』）

練習

1 次の日本語を中国語にしましょう。

1 わたしはお昼1時間休みます。

_____。

2 わたしは日曜日が休みです。

_____。

3 新年あなたは何日間休みますか？

_____？

2 次の日本語に合うように、中国語を正しい順番に並べましょう。

1 わたしは5か月間勉強しました。　　我 / 学 / 五个 / 了 / 月

_____。

2 わたしはもう5年中国語を学びました。　　我 / 学 / 了 / 汉语 / 五年 / 了

_____。

3 あなたは何日間泊まり[住 zhù]たいですか？　　你 / 几天 / 想 / 住

_____？

3 問題1と問題2の文章を、絵を見ながら音声を聞いて復唱しましょう。

ロールプレイ　本文の内容を思い出しながら、次のことを話しましょう。

① 昨日何をしたかたずねる。

② 神田へ行って、いけばなの教本を買ったと答える。

③ いけばなが本当に好きなんだねと言い、どのくらいやっているかたずねる。

④ 10 年以上と答え、自分の先生は数十年教えていると言う。

⑤ すごいね！とほめて、これからどのくらい勉強したいかたずねる。

⑥ 生きている限り学び続けると答える。

練習問題　次の日本語を中国語にしてください。簡体字とピンインを書きましょう。
151

① 昨日あなたは何をしたの？

_____

② 神田に行ったよ。いけばなの教本をたくさん買ったよ。

_____

③ あなたは本当にいけばなが好きなんだね。

_____

④ どのぐらいの間習っているの？

_____

⑤ 10 年以上習っているよ。

_____

⑥ わたしの先生は数十年も教えているよ。

_____

⑦ すごい！　あなたは、あとどのくらい習いたいの？

_____

⑧「生きている限り学び続ける」よ。

_____

第 10 課

⑨ わたしはきれいな花を1束買いました。

_____

⑩ わたしは中国語を5年習いました。

_____

次の質問に答えられますか？
答えられたら、この課の内容をマスターできています！

❶「あなたは神田に行きましたか？」は、中国語でどう言えばいいですか？

❷ "买了一本书。"と"买书了。"は、どう違いますか？

❸「～しなかった」「～していない」は、中国語でどう表現しますか？

❹「わたしは2時に勉強する」の「2時」と、「わたしは2時間勉強する」の「2時間」とは、中国語にしたとき、語順にどのような違いがありますか？

❺ "我学了五年。"と"我学了五年了。"とでは、どのような違いがありますか？

学習評価表 "量変到质変"…量の変化から質の変化が起こる学習の成果を自分で確認し、歩みを確実なものにしましょう。

読む回数	ピンインを見ながら読む	漢字だけを見て読む	日本語を見て中国語で言う
1			
2			
3			
4			
5			
6			
N			

5・7・5のリズムで中国語を楽しもう！ **五七五 三行日記**

◇◇◇◇◇◇◇◇

nǐ zuò shén me le　　wǒ qù Shén tián mǎi shū le　　mǎi le hěn duō shū
你 做 什 么 了　　我 去 神 田 买 书 了　　买 了 很 多 书
（あなたは何をした？　神田へ行って本を買った。たくさん買った。）

Jìng yè sī
静 夜 思
『静夜思』

Lǐ Bái
李 白

🎧 152

chuáng qián míng yuè guāng
床 前 明 月 光
床前 明月の光

yí shì dì shang shuāng
疑 是 地 上 霜
疑うらくは是れ地上の霜かと

jǔ tóu wàng míng yuè
举 头 望 明 月
頭を挙げて明月を望み

dī tóu sī gù xiāng
低 头 思 故 乡
頭を低れて故郷を思う

「先生、プリントが間違っていますよ。しかも２か所も」。一人の学生がうれしそうに言った。

中秋節の前、中国で最も知られている李白の『静夜思』を教えていた時だ。

ぼくはおっちょこちょいな性格なので、ミスプリントがあったかなと思ったが、見直しても特に間違いはなかった。「確かに２か所は日本の学校で習っているのと違います」と日本語の国語の先生は言った。「明月光」は「看月光」、「望明月」は「望山月」となっていると言う。

その日は、一応中国の教科書を見せて納得していただいたが、どうも腑に落ちないので、図書館に行って調べてみた。「明月光」「望明月」いうのは明代の写本にあり、「看月光」「望山月」というのは宋代の写本にあるという。

ある本を読んで、なるほど、と思った。

漢詩などはずっと昔に書かれたので、異なる写本が伝わっていても無理はない。「山月」のほうを選んだのは山と木の陰が写され、日本人の「わび」「さび」の心情に合うためだろうと解説していた。

いつか、あの世で会えるものなら、李白に聞いてみたい。そのような解釈も、可能かどうか。2021 年、今年の八月十五夜の名月に逢える中秋節は、9 月 21 日だ。

明月は東瀛に至れば山月にもののあはれや心侘び寂ぶ　　古月清舟（胡興智）

第 10 課

第 **11** 課 あなたに教室を紹介しましょう。

153

1 鈴木さんは中国料理を習いたく、劉さんに教室を紹介してもらいます。
ピンインと日本語訳を見ながら、音声を聞いてみましょう。

 Nǐ huì zuò Zhōng guó cài， néng bu néng jiāo jiao wǒ？
（あなたは中国料理を作れるね、わたしにちょっと教えてもらえない？）

 Bù xíng bù xíng， wǒ yě zài xué，
（だめだめ、ぼくも勉強中だし、）

wǒ gěi nǐ jiè shào yí ge jiào shì ba．
（あなたに教室をひとつ紹介しよう。）

 Hǎo a． Nǐ néng bu néng gào su wǒ nà ge jiào shì de dì zhǐ？
（わかったわ。その教室の住所を教えてもらえる？）

 Yǒu liǎng ge． Nǐ xiǎng qù Qīng shān hái shi Héng bīn？
（2つあるよ。青山へ行きたい？　それとも横浜へ行きたい？）

 Qīng shān bǐ jiào jìn，
（青山がわりと近いし、）

wǒ xiān qù Qīng shān de jiào shì kàn kan ba．
（まず青山の教室に行ってみるよ。）

 Hǎo de， zhè shì Qīng shān jiào shì de wǎng zhǐ．
（了解。これが青山教室の URL だよ。）

ワンポイント

 　中国人の男性は、意外に料理をする人が多いですね。
　「厨房はいちばんくつろげる場所だから、大好きだ。特に朝はひとりで静かな時間をゆっくりと過ごせる」…。高校から大学まで日本に留学し、寮で生活していた父は、あまり料理ができませんでしたが、母の看病で料理を楽しむようになりました。そして、「カエルの子はカエル」。わたしの一番好きな場所も厨房です。塩加減、火加減、食材の色、食感の組み合わせ、創造の喜びを味わえるところ、いけばなと語学は合い通じるものがあります。また、故郷の料理を作ると、家族や友人が喜んでくれますが、その笑顔は、異郷の地にいるわたしにとって、大きな喜びと励みとなっています。

2 漢字とピンインを見ながら、もう一度聞いてみましょう。

153

Nǐ huì zuò Zhōng guó cài, néng bu néng jiāo jiao wǒ?
你 会 做 中 国 菜， 能 不 能 教教 我?

Bù xíng bù xíng, wǒ yě zài xué,
不行 不行， 我 也 在 学，

wǒ gěi nǐ jiè shào yí ge jiào shì ba.
我 给 你 介绍 一 个 教室 吧。

Hǎo a. Nǐ néng bu néng gào su wǒ nà ge jiào shì de dì zhǐ?
好 啊。 你 能 不 能 告诉 我 那个 教室 的 地址?

Yǒu liǎng ge. Nǐ xiǎng qù Qīng shān hái shi Héng bīn?
有 两个。 你 想 去 青山 还是 横滨?

Qīng shān bǐ jiào jìn,
青山 比较 近，

wǒ xiān qù Qīng shān de jiào shì kàn kan ba.
我 先 去 青山 的 教室 看看 吧。

Hǎo de, zhè shì Qīng shān jiào shì de wǎng zhǐ.
好的， 这 是 青山 教室 的 网址。

3 音声を聞いて、ピンインと意味を確認しながら、単語を発音しましょう。

154

gěi 给	介 ～に、～のために（対象、受け手を導く）	jiè shào 介绍	動 紹介する
gào su 告诉	動 知らせる、伝える、教える	bù xíng 不行	だめだ、いけない、よくない
Zhōng guó cài 中国菜	名 中国料理	jiào shì 教室	名 教室
dì zhǐ 地址	名 住所、アドレス	wǎng zhǐ 网址	名 ホームページアドレス
hái shi 还是	接 ～それとも～	jìn 近	形 近い
xiān 先	副 まず、ひとまず	Qīng shān 青山	（地名）青山
Héng bīn 横滨	（地名）横浜		

第11課

4 会話をゆっくり読みます。ピンイン、漢字を見ながら、
音声の後について読みましょう。

155

主語	動詞	目的語1〈〜に〉	目的語2〈〜を〉
Wǒ	gào su	nǐ	jiào shì de dì zhǐ .
我	告诉	你	教室的地址。
わたし	教える	あなた〈に〉	教室の住所〈を〉

「誰かに何かを」伝えたり、教えたり、たずねたり、贈ったりする場合には、この例のように、動詞の後にまず「誰に」「何に」にあたる人やもの（目的語1）を置き、その後に続けて「何を」にあたるもの（目的語2）を置くという形で、2つの目的語を並べて表現します。

この形を使うことができる動詞は限られていて、主に下記のものがあります。

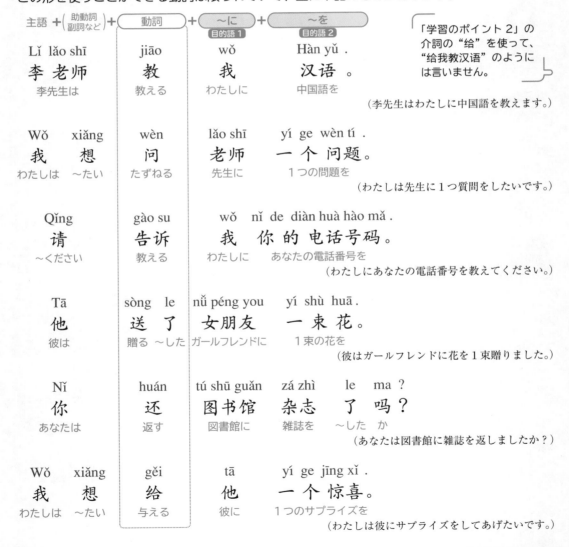

主語 + (助動詞/副詞など) + 動詞 + 〜に(目的語1) + 〜を(目的語2)

Lǐ lǎo shī	jiāo	wǒ	Hàn yǔ .
李老师	教	我	汉语。
李先生は	教える	わたしに	中国語を

「学習のポイント2」の介詞の"给"を使って、"给我教汉语"のようには言いません。

（李先生はわたしに中国語を教えます。）

Wǒ	xiǎng	wèn	lǎo shī	yí ge wèn tí .
我	想	问	老师	一个问题。
わたしは	〜たい	たずねる	先生に	1つの問題を

（わたしは先生に1つ質問をしたいです。）

Qǐng	gào su	wǒ	nǐ de diàn huà hào mǎ .
请	告诉	我	你的电话号码。
〜ください	教える	わたしに	あなたの電話番号を

（わたしにあなたの電話番号を教えてください。）

Tā	sòng le	nǚ péng you	yí shù huā .
他	送了	女朋友	一束花。
彼は	贈る 〜した	ガールフレンドに	1束の花を

（彼はガールフレンドに花を1束贈りました。）

Nǐ	huán	tú shū guǎn	zá zhì	le ma ?
你	还	图书馆	杂志	了吗？
あなたは	返す	図書館に	雑誌を	〜した か

（あなたは図書館に雑誌を返しましたか？）

Wǒ	xiǎng	gěi	tā	yí ge jīng xǐ .
我	想	给	他	一个惊喜。
わたしは	〜たい	与える	彼に	1つのサプライズを

（わたしは彼にサプライズをしてあげたいです。）

1 次の日本語を中国語にしましょう。

1 あなたに会社の住所を教えます。

_____。

2 マイケルはわたしたちに英語を教えます。

Mài kè
麦克 _____。

3 わたしにあなたの携帯電話の番号［手机号码 shǒu jī hào mǎ］を教えてください。

_____。

2 次の日本語に合うように、中国語を正しい順番に並べましょう。

1 記者［记者 jì zhě］はわたしに2つ質問します。　　记者 / 两个 / 问 / 问题 / 我

_____。

2 わたしは彼女にサプライズをしてあげたい。　　我 / 想 / 惊喜 / 给 / 她 / 一个

_____。

3 田中さんは彼氏にネクタイを1本贈りました。　　田中 / 送 / 领带 / 了 / 一条 / 男朋友

_____。

3 問題1と問題2の文章を、絵を見ながら音声を聞いて復唱しましょう。

第11課

数多の書を繰り返し読み込めば、いきいきとした文章を書くことができる（杜甫）

"给" は、「与える」という動詞としての使い方のほかに、「～に」という、動作・行為の受け手を導く介詞としても使えます。この "给" と、あと2つ、よく使う介詞を勉強しましょう。

(主語) +	介詞 +	名詞など	+	述語 (動詞／形容詞など)

介詞フレーズ

Wǒ	gěi	nǐ	jiè shào	yí ge jiào shì .
我	给	你	介绍	一 个 教室。
わたし	～に	あなた	紹介する	1つの教室

---

gěi 给

「～に」「～のために」：動作・行為の受け手、受益者を表す

Wǒ	gěi	péng you	dǎ	diàn huà .
我	给	朋友	打	电话。
わたし	～に	友達	かける	電話

（わたしは友達に電話をかけます。）

Tā	gěi	nǚ péng you	mǎi le	yí shù huā .
他	给	女朋友	买了	一 束 花。
彼	～に	ガールフレンド	買った	1束の花

（彼はガールフレンドに花を1束買いました。）

duì 对

「～に」「～に対して」「～について」：動作の対象や問題となる事柄を表す

Wǒ	duì	Zhōng guó wén huà	hěn gǎn xìng qù .
我	对	中国 文化	很 感 兴趣。
わたし	～に	中国の文化	興味がある

（わたしは中国の文化に興味があります。）

Duì	zhè ge wèn tí ,	nǐ	zěn me	kàn ?
对	这个 问题,	你	怎么	看?
～について	この問題	あなた	どのように	見る

（この問題について、あなたはどのように考えますか？）

wèi 为

「～のために」：動作の受益者や動作の目的を表す

Zhè shì	wèi	nǐ	zuò de ,	kuài	cháng chang .
这 是	为	你	做 的,	快	尝 尝。
これ である	～のために	あなた	作ったもの	はやく	食べてみる

（これはあなたのために作ったものです、はやく食べてみてください。）

Wèi	kǎo shì	zuò zhǔn bèi .
为	考试	做 准备。
～のために	試験	する 準備

（試験のために準備する。）

　吾生也有涯，而知也无涯　wú shēng yě yǒu yá, ér zhī yě wú yá

練習

---

1 次の日本語を中国語にしましょう。答えの音声を聞いて復唱してください。

1 わたしはあなたに学校を１つ紹介してあげます。

_____ 。

2 試験のために準備しています。

_____ 。

3 この問題について、どう思いますか？

_____ ？

---

2 次の日本語に合うように、中国語を正しい順番に並べましょう。
答えの音声を聞いて復唱してください。

1 彼女はよく［常常 cháng cháng］家に電話します。　她 / 家里 / 常常 / 给 / 打电话

_____ 。

2 これはあなたのために作ったの、はやく食べてみて。

这 / 为 / 是 / 你 / 的 / 做 / 快 / 尝尝

_____ , _____ 。

3 わたしは中国文化に興味を持っています。　我 / 感 / 兴趣 / 中国 / 对 / 文化 / 很

_____ 。

---

3 次の日本語に合うように、［　］の中から最もふさわしい介詞を選んでください。
答えの音声を聞いて復唱しましょう。

1 わたしは彼女においしいお菓子を作りました。
Wǒ　　　　　　　　　tā zuò le hǎo chī de diǎn xin
我 ［给／对／和］ 她做了好吃的点心。

2 ここから行くとわりと近いです。
　　　　　　　zhèr　zǒu bǐ jiào jìn
［对／离／从］ 这儿走比较近。

3 わたしはよく友達とお茶を飲みに行きます。
Wǒ cháng cháng　　　　　péng you qù hē chá
我 常常 ［为／和／给］ 朋友去喝茶。

第
11
課

生命は有限だが、知識は無限である（荘子）

ここまでで学んだ疑問文は、文末に"吗?"をつけて「～ですか?」とたずねる形と、たずねたい事柄に"什么"などの疑問詞を当てる形の2つがありました。

　この課の会話では、これらとは異なる疑問文が2つあります。これらを見てみましょう。

「～かどうか」の反復疑問文

Nǐ	肯定 néng	+ 否定 bu néng	gào su wǒ nà ge jiào shì de dì zhǐ ?
你	能	不 能	告诉 我 那个 教室 的 地址 ?
あなた	できる	できない	わたしにその教室の住所を教える

　動詞や形容詞、助動詞の肯定形と否定形を重ねることで、「～かどうか」とたずねることができます。この疑問文は「反復疑問文」と呼ばれ、意味は"吗?"の疑問文とほとんど同じですが、"吗?"の疑問文よりも少し相手に確認したり、丁寧にたずねるなどのニュアンスがあります。

这是你的书吗? ·····
（これはあなたの本ですか?）

Zhè shì bu shì nǐ de shū ?
这 是 不 是 你 的 书 ?
これは ～である ～でない　あなたの本

你 喝 白酒 吗? ·····
（あなたは白酒（バイチュウ）を飲みますか?）

Nǐ hē bu hē bái jiǔ ?
你 喝 不 喝 白酒 ?
あなた 飲む 飲まない　白酒

你 高兴 吗? ·····
（あなたはうれしいですか?）

Nǐ gāo xìng bu gāo xìng ?
你 高 兴 不 高 兴 ?
あなた うれしい　うれしくない

你 能 告诉 我 吗? ·····
（わたしに言うことができますか?）

Nǐ néng bu néng gào su wǒ ?
你 能 不 能 告诉 我 ?
あなた できる できない　わたしに言う

你 想 打 太极拳 吗? ·····
（あなたは太極拳をしたいですか?）

Nǐ xiǎng bu xiǎng dǎ tài jí quán ?
你 想 不 想 打 太极拳 ?
あなた したい したくない　太極拳をする

她 汉语 说 得 好 吗? ·····
（彼女は中国語を話すのが上手ですか?）

Tā Hàn yǔ shuō de hǎo bu hǎo ?
她 汉语 说 得 好 不 好 ?
彼女は中国語を話すのが　上手 上手でない

你 去 神田 了 吗? ·····
（あなたは神田に行きましたか?）

Nǐ qù méi qù Shén tián ?
你 去 没 去 神田 ?
あなた 行った 行っていない　神田

　"高兴不高兴"のような2音節の単語の場合、話すときに先（肯定形）のほうの2文字目を省略して、"高不高兴"とよく言います。ほかに例えば"可（以）不可以"（できるかどうか）、"喜（欢）不喜欢"（好きかどうか）などもとてもよく使います。

知识是珍贵宝石的结晶，文化是宝石放出来的光泽
zhīshi shì zhēnguì bǎoshí de jiéjīng, wénhuà shì bǎoshí fàngchulai de guāngzé

▶ 「～それとも～」の選択疑問文

A	それとも	B

Nǐ	xiǎng	qù	Qīng shān	hái shi	(xiǎng	qù)	Héng bīn ?
你	想	去	青山	还是	想	去	横滨 ？
あなた	したい	行く	青山	それとも	したい	行く	横浜

"**A还是B？**"の形で、「Aか、それともBか」と候補の中から選択を求める疑問文を、「選択疑問文」といいます。

　原則として、Aの部分とBの部分は同じ形にしなければなりませんが、会話の中などでわざわざ言わなくてもわかる場合、Aと共通するBの部分はよく省略されます。上の文でいうと、"想＋去"がAとBに共通しているので、Bは"横浜"で大丈夫です。

Nǐ	hē	bái jiǔ	hái shi	(hē)	hóng jiǔ ?
你	喝	白酒	还是	喝	红酒 ？
あなた	白酒を飲む		それとも	ワイン（を飲む）	

（あなたは白酒を飲みますか？　それともワイン？）

"是～"の場合、"是A还是是B"とはせず、Bの"是"は必ず省略して、"**是A还是B**"とします。

Zhè	shì	nǐ	de	shū	hái shi	~~是~~	tā	de	(shū) ?
这	是	你	的	书	还是		他	的	书 ？
これ	～である	あなたの本			それとも		彼の（本）		

（これはあなたの本ですか？　それとも彼の（本）ですか？）

‖ 練習 ‖

次の日本語を中国語にしましょう。答えの音声を聞いて復唱してください。
164

1 これはあなたの本ですか？【反復疑問文】

_____ ？

2 あなたのメールアドレス［邮箱地址 yóuxiāng dìzhǐ］を教えてくださいませんか？【反復疑問文】

_____ ？

3 あなたはコーヒーを飲みますか、それとも紅茶を飲みますか？

_____ ？

4 あなたは明日来ますか、それともあさって［后天 hòu tiān］来ますか？

_____ ？

第11課

ロールプレイ　本文の内容を思い出しながら、次のことを話しましょう。

① わたしに中国料理を教えて、と頼む。

② 自分もまだ勉強中なので、料理教室を紹介すると答える。

③ 了解して、教室の住所をたずねる。

④ ２つあると返事をして、青山へ行きたいか、横浜へ行きたいかたずねる。

⑤ 青山がわりと近いので、まず青山へ行ってみると答える。

⑥ 了解と答えて、青山教室の URL を教える。

練習問題　次の日本語を中国語にしてください。簡体字とピンインを書きましょう。

① あなたは中国料理を作れるね。わたしにちょっと教えてもらえない？【反復疑問文】

_____

② だめだめ、ぼくも勉強中だよ。

_____

③ あなたに教室を１つ紹介しよう。

_____

④ その教室の住所を教えてもらえる？【反復疑問文】

_____

⑤ 青山へ行きたい？それとも横浜へ行きたい？

_____

⑥ 青山がわりと近い。まず青山に行ってみるよ。

_____

⑦ これは青山教室の URL だよ。

_____

⑧ わたしはあなたにサプライズをしてあげたいです。

_____

⑨ 彼は友達に電話をかける。

_____

⑩ 彼女は中国語を話すのが上手ですか？【反復疑問文】

_____

教えて！
小老師　次の質問に答えられますか？
答えられたら、この課の内容をマスターできています！

❶「わたしは〜に〜してあげる」と言うとき、どのような文型を使いますか？
❷ 2つの目的語を持つ動詞には、どんなものがありますか？
❸ "李老师给我们教汉语。" という文にできますか？
❹「〜に興味を持っている」と言いたいとき、どう言えばいいですか？
❺ "吗" を使わないで、確認するニュアンスを表すには、どのようにしますか？
❻「A かそれとも B か」とたずねたいとき、どのように言いますか？

学習評価表　"量变到质变" …量の変化から質の変化が起こる学習の成果を自分で確認し、歩みを確実なものにしましょう。

読む回数	ピンインを見ながら読む	漢字だけを見て読む	日本語を見て中国語で言う
1			
2			
3			
4			
5			
6			
N			

第11課

5・7・5のリズムで中国語を楽しもう！　**五七五 三行日記**

◇◇◇◇◇◇◇

hē　bu　hē　yǐn liào　　hē　chá　hái shi　hē　kā fēi　　shén me　dōu　kě yǐ
喝 不 喝 饮料　喝 茶 还是 喝 咖啡　什么 都 可以
（なにか飲む？　お茶、それともコーヒー？　なんでも OK！）

[饮料 yǐn liào 名 飲み物]

151

第12課 富士五湖に行ったんです。

1 鈴木さんは劉さんに富士五湖にキャンプに行ったことを話しています。
ピンインと日本語訳を見ながら、音声を聞いてみましょう。

166

 Zhè shì gěi nǐ mǎi de lǐ wù.
（これはあなたに買ってきたお土産よ。）

 Xiè xie！ Nǐ tài kè qi le. Nǐ qù Fù shì wǔ hú le？
（ありがとう！　そんな気を使わなくていいのに。　富士五湖に行ったの？）

 Wǒ qù lù yíng le. Nàr de xīng xing kě piào liang le.
（キャンプに行ったの。　あそこの星は本当にきれいだったよ。）

Shì hé shéi yì qǐ qù de？
（誰と一緒に行ったの？）

 Shì hé gōng sī de tóng shì yì qǐ qù de.
（会社の同僚と一緒に行ったの。）

 Yǒu jī hui zán men yì qǐ qù ba.
（機会があれば一緒に行きましょう。）

 Hǎo a！ Wǒ yí dìng yào qù nàr hǎo hāor kàn kan！
（いいね！　ぼく絶対そこへ行って見てみたい！）

ワンポイント

　　贈答の習慣は国や地域によって違います。中国人も"这是一点小意思。"「ほんの気持ちです」と言って贈り物を渡すことがあり、日本と共通点もありますが、この後、お返しの方法は大違いです。すぐお返しするのが日本人のやり方のようですが、中国ではゆっくり返すのが礼儀なのです。
　　日本に来たばかりの頃、大家さんにお土産を渡すとすぐにお返しをいただき、とても寂しく感じました。"入乡随俗"「郷に入りては郷に従え」も大事ですが、風俗習慣の違いを外国語で伝えられると摩擦が減り、理解が深まりますね。

2 漢字とピンインを見ながら、もう一度聞いてみましょう。

Zhè shì gěi nǐ mǎi de lǐ wù.
这 是 给 你 买 的 礼物。

Xiè xie! Nǐ tài kè qi le. Nǐ qù Fù shì wǔ hú le?
谢谢！ 你 太 客气 了。 你 去 富士五湖 了？

Wǒ qù lù yíng le. Nàr de xīng xing kě piào liang le.
我 去 露营 了。 那儿 的 星星 可 漂亮 了。

Shì hé shéi yì qǐ qù de?
是 和 谁 一起 去 的？

Shì hé gōng sī de tóng shì yì qǐ qù de.
是 和 公司 的 同事 一起 去 的。

Yǒu jī hui zán men yì qǐ qù ba.
有 机会 咱们 一起 去 吧。

Hǎo a! Wǒ yí dìng yào qù nàr hǎo hāor kàn kan!
好 啊！ 我 一定 要 去 那儿 好好儿 看看！

3 音声を聞いて、ピンインと意味を確認しながら、単語を発音しましょう。

yào 要	助動 ～したい、～しなければならない、～することになっている		
lǐ wù 礼物	名 プレゼント、贈り物	kè qi 客气	動 遠慮する、気を使う
lù yíng 露营	動 キャンプする	xīng xing 星星	名 星
gōng sī 公司	名 会社	tóng shì 同事	名 同僚
jī hui (※) 机会	名 機会、チャンス	yí dìng 一定	副 きっと、必ず、ぜひとも
Fù shì wǔ hú 富士五湖	（地名）富士五湖	※ "机会" の "会" は第四声で「huì」と読むこともできます。	

4 会話をゆっくり読みます。ピンイン、漢字を見ながら、音声の後について読みましょう。

主語 **+** "是" **+** ［情報］ **+** 動詞 **+** "的"

Nǐ	shì	hé	shéi	yì qǐ	qù	de ?
你	是	和	谁	一起	去	的？
あなた			誰と一緒に		行った	の

Wǒ	shì	hé	gōng sī de tóng shì	qù	de .
我	是	和	公司的同事	去	的。
わたし			会社の同僚と	行った	の

「誰と行ったの？」という質問に、「会社の同僚と行ったんだ」と答えています。このように「何かをした」ということをお互いが知っている前提で、「いつ」「どうやって」「どこ」といった情報を "是" と "的" で挟むことによって強調する表現です。

　肯定文では "是" は省略することができます。

Nǐ	shì	zěn me	lái	de ?	
你	是	怎么	来	的？	（あなたはどうやって来たのですか？）
あなた		どうやって	来た	の	

Wǒ	shì	dǎ dī	lái	de .	
我	是	打的	来	的。	（わたしはタクシーに乗って来たのです。）
わたし		タクシーに乗って	来た	の	

Tā	shì	cóng nǎr	lái	de ?	
他	是	从 哪儿	来	的？	（彼はどこから来たんですか？）
彼		どこから	来た	の	

Tā	shì	cóng Tiān jīn	lái	de .	
他	是	从 天津	来	的。	（彼は天津から来たんです。）
彼		天津から	来た	の	

Nǐ	shì	shén me shí hou	qù	de ?	
你	是	什么 时候	去	的？	（あなたはいつ行ったのですか？）
あなた		いつ	行った	の	

Wǒ	shì	shàng zhōu mò	qù	de .	
我	是	上 周末	去	的。	（わたしは先週末に行ったのです。）
わたし		先週末	行った	の	

Nǐ	shì	zài	nǎr	xué	de	Hàn yǔ？
你	是	在	哪儿	学	的	汉语？
あなた			どこで	学んだ	の	中国語

（あなたはどこで中国語を学んだのですか？）

Wǒ	shì	zài	Rì zhōng xué yuàn	xué	de	Hàn yǔ．
我	是	在	日中学院	学	的	汉语。
わたし			日中学院で	学んだ	の	中国語

（わたしは日中学院で中国語を学んだんです。）

Hàn yǔ	wǒ	shì	zài	Rì zhōng xué yuàn	xué	de	．
汉语	我	是	在	日中学院	学	的	。
中国語	わたし			日中学院で	学んだ	の	

（中国語はわたしは日中学院で学んだんです。）

> この形が使えるのは、会話している人の間で、ある行為が「すでに行われた」ことが共通認識としてあり、それが行われたのはいつなのか、どこでなのか、どうやって行われたのかなどを話す場合です。ですので、多くは会話のやり取りの中で使われます。
> 　否定は"不是…的"と言いますが、よく"不是…的，是…的。"（～ではなく、～なのです）というふうにして使います。否定の場合は"是"は省略できません。

練 習

1　次の日本語を中国語にしましょう。答えの音声を聞いて復唱してください。 **170**

■1 あなたはいつ行ったのですか？

_____ ？

■2 誰と一緒に行ったのですか？

_____ ？

■3 どうやって来たのですか？

_____ ？

2　次の日本語に合うように、中国語を正しい順番に並べましょう。
答えの音声を聞いて復唱してください。 **171**

■1 わたしは地下鉄で来たのです。　　坐 / 是 / 我 / 来 / 的 / 地铁

_____ 。

■2 わたしは京都［京都 Jīng dū］から来たのです。　　我 / 来 / 的 / 从 / 京都 / 是

_____ 。

第 **12** 課

主語 **+** "要" **+** 動詞フレーズ
（動詞＋目的語、介詞フレーズ＋動詞～、連動文など）

【助動詞】

Wǒ　　yào　　qù　nàr　kàn kan .
我　　要　　去　那儿　看看 。
わたし　～する　行く　そこ　見てみる

　第4課で助動詞の"想"を使った「～したい」という表現を学びました。"想"は「できれば～したいなぁ」という願望を表しますが、もっと強い意志をもって「～したい、～する」、あるいは「実現させる、実現しなければならない」「～することになっている」という「必要」のニュアンスを表すには"要"を使います。

　"要"の後ろには動詞そのもののほか、たとえば"和朋友去看电影"（友達と映画を見に行く）といった介詞フレーズや連動文構造をした動詞のフレーズが付きます。

1 「～したい」「実現させたい、ぜひとも～したい」というニュアンスを表します。

Wǒ　yào　hē　kā fēi .
我　要　喝　咖啡 。　　　　　＞　　我 想 喝 咖啡。
わたし　～したい　飲む　コーヒー
（わたしはコーヒーを飲みたいです／飲みます。）

Wǒ　yào　hé　nǐ　yì qǐ　gōng zuò.
我　要　和　你　一起　工作 。　　＞　　我 想 和 你 一起 工作。
わたし　～したい　あなたと　一緒に　働く
（わたしはあなたと一緒に働きたいです。）

> 会話スキットの"我一定要去那儿好好儿看看！"というセリフのように、「"要"＋動詞フレーズ」の前に、「きっと、必ず」という意味の副詞"一定"を加えて「"一定要"～」とすると、よりいっそう強い意志、義務を表します。

2 「～することになっている」「予定として決まっている」というニュアンスを表します。

Xià ge yuè　wǒ　yào　qù　Měi guó　chū chāi .
下个月　我　要　去　美国　出差 。
来月　わたし　～する　行く　アメリカ　出張
（来月わたしはアメリカに出張に行く（ことになっている）／行く必要がある／行かなければならない。）

Wǒ　měi tiān　yào　xiě　sān háng rì jì .
我　每天　要　写　三行 日记 。
わたし　毎日　～する　書く　三行日記

> 習慣としていることも表せます。

（わたしは毎日三行日記を書く／書くことにしている。）

---

3 「〜しなければならない」「強く実行を迫られている、義務である」というニュアンスです。

Míng tiān　nǐ　　　　yào　　dài　shū　lái .
明天　你　　　　要　　带　书　来 。
明日　あなた　〜しなければならない　持つ　本　来る
(明日わたしは本を持って来なければならない／持ってくる必要がある。)

Yī fu　zāng　le ,　　　　yào　　　　xǐ .
衣服　脏　了 ，　　　要　　　洗 。
服　汚れる　〜た　　〜しなければならない　洗う
(服が汚れた、洗わなければならない／洗う必要がある。)

否定　「〜したくない」と言うには、"不想"を使います。
"要"に否定の"不"を付けた"不要"は、「〜してはならない、〜しないで」という禁止の意味になるので注意してください。

Wǒ　| bù | xiǎng |　qù　gōng sī .
我　| 不 | 想 |　去　公 司 。　←希望の否定「〜したくない」
わたし　〜したくない　行く　会社
(わたしは会社に行きたくない。)

Nǐ　| bú | yào |　qù　gōng sī .
你　| 不 | 要 |　去　公 司 。　←禁止「〜してはならない、〜しないで」
あなた　〜してはならない　行く　会社
(あなたは会社に行ってはならない／行かないで。)

注目 動詞の "要"

"要"には「〜を必要とする、〜が欲しい、求める」という動詞の使い方もあります。

(主語) + (動詞) + (目的語)
Wǒ　yào　zhè ge .
我　要　这 个 。
わたし　要る　これ
(わたしはこれが要ります／欲しいです／これをください。)

Wǒ　yào　yì bēi　zhēn zhū nǎi chá .
我　要　一 杯　珍 珠 奶 茶 。
わたし　要る　1杯のタピオカミルクティー
(タピオカミルクティーを1杯ください。)

Bú　yào　dài zi .
不　要　袋 子 。
要らない　　袋
(袋は要りません。)

> 否定する場合、"不要"には「要らない」と強く拒絶するニュアンスがあります。観光地に行って、要らない物を買わされそうになったときなどに"不要，不要！"と言って断るのによく使いますね。

第12課

練習

1 次の日本語を中国語にしましょう。

1 わたしは中国に留学に行きたい。（"要"を使って）

_____ 。

2 わたしは来週アメリカへ出張に行きます。

_____ 。

3 毎日三行日記を書くようにしています。

_____ 。

2 次の日本語に合うように、中国語を正しい順番に並べましょう。

1 あなたは毎朝新聞［报（纸）bào(zhǐ)］を読まなければならない。

你 / 每天 / 看 / 早上 / 要 / 报

_____ 。

2 あなたは会社に行かないで。　　你 / 要 / 去 / 不 / 公司

_____ 。

3 タピオカミルクティーを1杯ください。　　一杯 / 要 / 我 / 珍珠奶茶

_____ 。

3 問題1と問題2の文章を、絵を見ながら音声を聞いて復唱しましょう。

第1課の"也"からはじまり、"很""非常""都""还"など、いろいろな副詞がありました。
副詞は、述語となる動詞や形容詞の前に置いて、程度や範囲、時間、否定などを表します。
最後に、よく使う副詞をまとめましょう。

副詞を置く位置 ▶ （主語）＋　副詞　＋　述語（動詞／形容詞）

yě 也

「〜も」

Tā	yě	xué xí	Hàn yǔ.
他	也	学习	汉语 。
彼	も	勉強する	中国語

（彼も中国語を勉強しています。
／彼は中国語も勉強しています。）
※2つの意味にとれます。

Jīn tiān	yě	hěn	máng.
今天	也	很	忙 。
今日	も		忙しい

（今日も忙しいです。）

> "也"は必ず動詞や形容詞と一緒に使います。「わたしも」と言いたいときは、
> "我也。"と名詞に加えるだけではだめで、"我也是。"のように言います。
> また、1つめの例文は2つの意味にとることができます。何と何を並列さ
> せて「〜も」と言っているのかは、前後の文脈から判断します。

hái 还

「〜も、また、さらに、そのうえ、まだ」

Tā	xué xí	Yīng yǔ,	hái	xué xí	Hàn yǔ.
他	学习	英语 ,	还	学习	汉语 。
彼	勉強する	英語	さらに	勉強する	中国語

（彼は英語を勉強し、
さらに中国語も勉強しています。）

「まだ、依然として」

Tā	hái	méi	lái.
他	还	没	来 。
彼	まだ	〜していない	来る

（彼はまだ来ていません。）

dōu 都

「全部、みんな、すべて」

Tā men	dōu	shì	Rì běn rén.
他们	都	是	日本人 。
彼ら	みんな〜である		日本人

（彼らはみんな日本人です。）

第12課

我思う、ゆえに我あり（デカルト）

hěn 很	「(とても)」

Chā huā　　hěn　　yǒu yì si .

插花　　很　　有 意思。

いけばな　（とても）　おもしろい　　　　　　　　　　　（いけばなはおもしろい。）

fēi cháng 非常	「とても、非常に」

Chā huā　fēi cháng　yǒu yì si .

插花　　非常　　有 意思。

いけばな　　非常に　　おもしろい　　　　　　　　　　（いけばなはとてもおもしろい。）

zhēn 真	「本当に」

Chā huā　　zhēn　　yǒu yì si .

插花　　真　　有 意思。

いけばな　本当に　おもしろい　　　　　　　　　　　　（いけばなは本当におもしろい。）

tài 太	「たいへん、あまりに」

文末によく"了"を伴い、「たいへん〜である、〜すぎる」のニュアンスを表します。

Chā huā　　tài　　yǒu yì si　le .

插花　　太　　有 意思 了 。

いけばな　たいへん　おもしろい　　　　　　　　　（いけばなはものすごくおもしろい。）

Tài　　hǎo　　le !

太　好　了 ！

たいへん　良い　　　　　　　　　　（やったぁ！／良かった！
　　　　　　　　　　　　　　　　　　／ラッキー！）

Tài　　guì　　le !

太　貴　了 ！

たいへん(値段が) 高い　　　　　　　　　（高すぎます！）

"太…了"は、"太好了！"のように良い意味でも、
"太贵了！"のように悪い意味でも使えます。

"不太…"「あまり〜でない」

Zuì jìn tiān qì　bú　tài　hǎo .

最近 天气 不 太 好 。

最近　　天気　あまり〜でない　良い　　　　（最近天気があまり良くありません。）

1　次の日本語を中国語にしましょう。

1 わたしも中国語を勉強しているところです。

＿＿＿＿＿＿＿＿＿＿＿＿＿＿＿＿＿＿＿＿＿＿＿＿＿＿＿＿＿＿。

2 彼は英語のほか、中国語も話せます。

＿＿＿＿＿＿＿＿＿＿＿＿＿＿＿＿＿＿＿＿＿＿＿＿＿＿＿＿＿＿。

3 彼らはみんな日本人です。

＿＿＿＿＿＿＿＿＿＿＿＿＿＿＿＿＿＿＿＿＿＿＿＿＿＿＿＿＿＿。

2　次の日本語に合うように、中国語を正しい順番に並べましょう。

1 わたしと彼はどちらも中国語を勉強しています。　　我 / 都 / 他 / 学习 / 和 / 汉语

＿＿＿＿＿＿＿＿＿＿＿＿＿＿＿＿＿＿＿＿＿＿＿＿＿＿＿＿＿＿。

2 彼はどうしてまだ来ていないのですか？　　他 / 没 / 还 / 为什么 / 来

＿＿＿＿＿＿＿＿＿＿＿＿＿＿＿＿＿＿＿＿＿＿＿＿＿＿＿＿＿＿？

3 いけばなはたいへんおもしろいです。　　有意思 / 插花 / 非常

＿＿＿＿＿＿＿＿＿＿＿＿＿＿＿＿＿＿＿＿＿＿＿＿＿＿＿＿＿＿。

3　問題1と問題2の文章を、絵を見ながら音声を聞いて復唱しましょう。

第12課

我行う、ゆえに我あり（清舟）

ロールプレイ　本文の内容を思い出しながら、次のことを話しましょう。

① お土産をわたす。
② お礼を言って、富士五湖へ行ったのかとたずねる。
③ キャンプに行ったと答え、星がきれいだったと言う。
④ 誰と一緒に行ったのかたずねる。
⑤ 会社の同僚と一緒に行ったと答え、機会があったら一緒に行こうと誘う。
⑥ ぜひ行ってみたいと答える。

練習問題　次の日本語を中国語にしてください。簡体字とピンインを書きましょう。

① これはあなたに買ってきたお土産よ。

_____

② 気を使いすぎですよ。

_____

③ わたしはキャンプに行った。あそこの星はすごくきれいだったよ。

_____

④ 誰と一緒に行ったの？

_____

⑤ 会社の同僚と一緒に行ったよ。

_____

⑥ 機会があれば一緒に行きましょう。

_____

⑦ ぼくは絶対そこへ行って（ぜひ）見てみたい。

_____

⑧ どうやってきたの？

_____

⑨ どこから来たの？

⑩ 来週出張に行くことになっています。

次の質問に答えられますか？
答えられたら、この課の内容をマスターできています！

❶ "是〜的" の文は、どんなときに使いますか？

❷ "是〜的" の文では、必ず "是" を使いますか？

❸ "我要去北京。" は "我想去北京。" とどう違いますか？

❹ 「〜したくない」には、なぜ "不要" があまり使われないのですか？

❺ "他也学习汉语。" は、どのように訳しますか？

❻ 「あまり〜でない」と言いたいとき、どのような表現を使いますか？

学習評価表
"量変到质変"…量の変化から質の変化が起こる学習の成果を自分で確認し、歩みを確実なものにしましょう。

読む回数	ピンインを見ながら読む	漢字だけを見て読む	日本語を見て中国語で言う
1			
2			
3			
4			
5			
6			
N			

5・7・5のリズムで中国語を楽しもう！ **五七五 三行日記**

◇◇◇◇◇◇◇

shì hé shéi qù de　hé tóng shì yì qǐ qù de　xià cì yì qǐ qù
是 和 谁 去 的　和 同 事 一 起 去 的　下 次 一 起 去
（誰と行ったの？　同僚と行ったの。次は一緒に行こう！）

第10課〜第12課　文法ポイントと会話のまとめ

学んだことをまとめます。きちんと覚えたか確認しましょう！

重要文法　「〜した」の"了"

| 動作に重点 | 主語 | ＋ | 動詞 | ＋ | 目的語 | ＋ | 了 |

| 目的語に重点 | 主語 | ＋ | 動詞 | ＋ | 了 | ＋ | 目的語 |

動作の完了・実現を表す"了"は、日本人学習者が最も難しいと感じる中国語文法のひとつでしょう。まず最も基本となるこの2つの用法をしっかりマスターし、それから時間（時量補語）との位置関係、動詞の直後と文末の両方に"了"が付く場合など、応用の使い方に慣れていきましょう。

Wǒ　　qù　　Shén tián　　le .
我　去　神田　了。
（わたしは神田へ行きました）

Wǒ　　mǎi　　le　　hěn duō shū .
我　买　了　很多书 。
（わたしはたくさんの本を買いました。）

Wǒ　　xué　　le　　wǔ nián　　le .
我　学　了　五年　了。
（わたしはもう5年学んでいます。／学んでもう5年になりました。）

Wǒ　（xué）　Hàn yǔ　　xué　le　　wǔ nián .
我　（学）　汉语　学了　五年。
（わたしは中国語を5年間学びました。）

その他の文法事項

◆　時間の長さの表現：　主語 ＋ 動詞 ＋ 時間の長さ

　　「いつ」という時点の表現との違い、目的語や"了"との文中での位置関係について確認しましょう。

◆　2つの目的語を持つ動詞：

　　主語 ＋ 動詞 ＋ 目的語1［〜に］ ＋ 目的語2［〜を］

　　どのような動詞がこの文型をとるのか確認しましょう。

◆　「〜したのだ」：　主語 ＋ "是" ＋ 〜 ＋ "的"

公共汽车 gōnggòng qìchē／公交车 gōngjiāochē
　名 バス ……………………………………★

自行车 zìxíngchē 名 自転車 ……………………★

餐厅 cāntīng 名 レストラン …………………④

咖啡店 kāfēidiàn 名 カフェ、喫茶店 ………❺

图书馆 túshūguǎn 名 図書館 ………………❹

银行 yínháng 名 銀行 ………………………❺

医院 yīyuàn 名 病院 …………………………❻

站 zhàn 名 駅 …………………………………❻

酒店 jiǔdiàn 名 ホテル ………………………★

博物馆 bówùguǎn 名 博物館 ………………★

美术馆 měishùguǎn 名 美術館 ……………★

百货商店 bǎihuò shāngdiàn／
　百货公司 bǎihuò gōngsī 名 デパート ………★

商城 shāngchéng 名 ショッピングモール ………★

购物中心 gòuwù zhōngxīn
　名 ショッピングセンター ………………★

超市 chāoshì 名 スーパー …………………★

市场 shìchǎng 名 市場 ……………………★

便利店 biànlìdiàn 名 コンビニ ……………★

书店 shūdiàn 名 書店 ………………………★

酒吧 jiǔbā 名 バー …………………………★

网吧 wǎngba 名 ネットカフェ ………………★

客厅 kètīng 名 リビング、客間 …………❺

书房 shūfáng 名 書斎 ………………………❺

厨房 chúfáng 名 台所、キッチン …………★

厕所 cèsuǒ 名 トイレ ………………………★

洗手间 xǐshǒujiān 名 トイレ ………………★

卫生间 wèishēngjiān 名 トイレ、バスルーム …★

卧室 wòshì 名 寝室 …………………………★

大厅 dàtīng 名 ロビー ………………………❼

房间 fángjiān 名 部屋 ………………………❼

塔 tǎ 名 塔 ……………………………………発音

路 lù 名 道 ……………………………………発音

十字路口 shízìlùkǒu 名 交差点 …………★

路灯 lùdēng 名 街灯 ………………………発音

红绿灯 hónglǜdēng 名 信号 ………………★

绿灯 lǜdēng 名 青信号 ……………………発音

上 shàng 方 （～の）上、前 ………………❼

下 xià 方 （～の）下、次 …………………★

前 qián 方 （～の）前 ………………………⑤

后 hòu 方 （～の）後、裏 …………………★

里 lǐ 方 （～の）中、内 ……………………❼

外 wài 方 （～の）外 ………………………★

左 zuǒ 方 （～の）左 ………………………★

右 yòu 方 （～の）右 ………………………★

西 xī 方 西 ……………………………………発音

东 dōng 方 東 …………………………………★

南 nán 方 南 …………………………………★

北 běi 方 北 …………………………………★

◆飲食

饭 fàn 名 ご飯、食事 ………………………④

早饭 zǎofàn 名 朝食 ………………………❺

午饭 wǔfàn 名 昼食 ………………………❺

晚饭 wǎnfàn 名 夕食 ………………………❺

点心 diǎnxin 名 菓子、点心 ………………❷

小吃 xiǎochī 名 おつまみ、スナック …発音

拉面 lāmiàn 名 ラーメン …………………❶

中国菜 zhōngguócài 名 中国料理…………❾⑪

长寿面 chángshòumiàn 名 誕生日に食べる麺…④

饺子 jiǎozi 名 餃子 …………………………❼

水饺 shuǐjiǎo 名 水餃子 …………………発音

小笼包 xiǎolóngbāo 名 小籠包 …………★

包子 bāozi 名 （具入りの）中華まん ………★

馒头 mántou 名 （具のない）中華まん ……★

麻婆豆腐 má pó dòufu 名 麻婆豆腐 ………❼

青椒肉丝 qīngjiāo ròusī 名 チンジャオロース …★

回锅肉 huíguōròu 名 ホイコーロー ………★

炒饭 chǎofàn 名 チャーハン ………………★

火锅 huǒguō 名 火鍋、鍋料理 ……………★

涮羊肉 shuàn yángròu 名 羊のしゃぶしゃぶ……★

北京烤鸭 běijīng kǎoyā 名 北京ダック ………★

面包 miànbāo 名 パン ………………………★

蛋糕 dàngāo 名 ケーキ ……………………★

冰激凌 bīngjīlíng／冰淇淋 bīngqílín
　名 アイスクリーム …………………………★

梨 lí 名 ナシ（梨子 lízi） …………………発音

苹果 píngguǒ 名 リンゴ ……………………★

香蕉 xiāngjiāo 名 バナナ……………………★

菠萝 bōluó／凤梨 fènglí 名 パイナップル ……★

橘子 júzi／桔子 júzi 名 ミカン、オレンジ ……★

草莓 cǎoméi 名 イチゴ………………………★

西瓜 xīguā 名 スイカ ………………………★

芒果 mángguǒ 名 マンゴー……………………★

咖啡 kāfēi 名 コーヒー…………………………❶

茶 chá 名 茶……………………………………発音

红茶 hóngchá 名 紅茶……………………………❶

绿茶 lǜchá 名 緑茶………………………………★

乌龙茶 wūlóngchá 名 ウーロン茶……………★

茉莉花茶 mòlihuāchá 名 ジャスミン茶…………★

珍珠奶茶 zhēnzhū nǎichá

　　　名 タピオカミルクティー………………⓬

酒 jiǔ 名 酒………………………………………❼

啤酒 píjiǔ 名 ビール……………………………❹

白酒 báijiǔ 名 バイチュウ……………………⓫

红酒 hóngjiǔ 名 ワイン…………………………⓫

香味（儿）xiāngwèi(r) 名 良い香り…………発音

◆趣味、スポーツ

爱好 àihào 名 趣味 動 好む、愛好する…………⑨

兴趣 xìngqù 名 興味、関心……………………⓫

最爱 zuì'ài 名 大好きなもの、大切なもの、宝物 ②

音乐 yīnyuè 名 音楽……………………………❶

歌 gē 名 歌………………………………………⑨

电影 diànyǐng 名 映画…………………………❹

动漫 dòngmàn 名 アニメ………………………⑦

电视剧 diànshìjù 名 テレビドラマ……………⑦

画（儿）huà(r) 名 絵……………………………❼

颜色 yánsè 名 色…………………………………❷

小说 xiǎoshuō 名 小説…………………………⓾

物语 wùyǔ 名 物語………………………………発音

书法 shūfǎ 名 書道………………………………★

球 qiú 名 ボール、球……………………………発音

网球 wǎngqiú 名 テニス………………………❼⑨

棒球 bàngqiú 名 野球……………………………発音

篮球 lánqiú 名 バスケットボール……………★

排球 páiqiú 名 バレーボール…………………★

乒乓球 pīngpāngqiú 名 卓球…………………★

足球 zúqiú 名 サッカー…………………………★

太极拳 tàijíquán 名 太極拳……………………⓫

竞技 jìngjì 名 競技………………………………発音

杂技 zájì 名 雑技………………………………発音

露营 lùyíng 名 キャンプする…………………⓬

◆動植物、自然

花（儿）huā(r) 名 花……………………………⓾

樱花 yīnghuā 名 桜の花…………………………❸

猫 māo 名 猫……………………………………❺

狗 gǒu 名 犬……………………………………★

熊猫 xióngmāo 名 パンダ……………………★

牛 niú 名 牛……………………………………発音

猪 zhū 名 ブタ…………………………………発音

兔子 tùzi 名 ウサギ……………………………発音

马 mǎ 名 馬……………………………………★

老虎 lǎohǔ 名 トラ……………………………★

鸡 jī 名 ニワトリ………………………………★

鸡蛋 jīdàn 名 （ニワトリの）卵………………★

鸭子 yāzi 名 アヒル……………………………★

鱼 yú 名 魚………………………………………★

河 hé 名 川………………………………………発音

坡 pō 名 坂、斜面 形 傾斜している……………発音

土 tǔ 名 土、土地………………………………発音

乳 rǔ 名 乳、ミルク……………………………発音

天气 tiānqì 名 天気……………………………❷

星星 xīngxing 名 星……………………………⓬

◆その他

问题 wèntí 名 問題……………………………⓫

文化 wénhuà 名 文化…………………………⓫

办法 bànfǎ 名 方法、やり方……………………❹

机会 jīhuì 名 機会、チャンス…………………❸⓬

事 shì 名 用事、仕事、事件、事柄……………❸

惊喜 jīngxǐ 名 サプライズ 形 驚き喜ばせる……⓫

准备 zhǔnbèi 名 準備 動 準備する……………⓫

起步价 qǐbùjià 名 初乗り運賃…………………⑥

人生 rénshēng 名 人生…………………………発音

理想 lǐxiǎng 名 理想 形 理想的である…………発音

义务 yìwù 名 義務………………………………発音

意义 yìyì 名 意義………………………………発音

基本 jīběn 名 基本 形 基本的な 副 おおむね…発音

经济 jīngjì 名 経済 形 経済的である…………発音

资本 zīběn 名 資本、資金………………………発音

现象 xiànxiàng 名 現象…………………………発音

■ 代名詞・疑問詞 ■

我 wǒ 代 わたし…………………………………①

③对这个问题，你怎么看？ Duì zhège wèntí, nǐ zěnme kàn?

2 ①她常常给家里打电话。 Tā chángcháng gěi jiā li dǎ diànhuà.

②这是为你做的，快尝尝。 Zhè shì wèi nǐ zuò de, kuài chángchang.

③我对中国文化很感兴趣。 Wǒ duì Zhōngguó wénhuà hěn gǎn xìngqù.

3 ①我给他做了好吃的点心。 Wǒ gěi tā zuò le hǎochī de diǎnxin.

②从这儿走比较近。 Cóng zhèr zǒu bǐjiào jìn.

③我常常和朋友去喝茶。 Wǒ chángcháng hé péngyou qù hē chá.

P. 149 学習のポイント3

①这是不是你的书？ Zhè shì bu shì nǐ de shū?

②你能不能告诉我你的邮箱地址？ Nǐ néng bu néng gàosu wǒ nǐ de yóuxiāng dìzhǐ?

③你喝咖啡还是喝红茶？ Nǐ hē kāfēi háishi hē hóngchá?

④你明天来还是后天来？ Nǐ míngtiān lái háishi hòutiān lái?

P. 150 第11課のふりかえり

①你会做中国菜，能不能教教我？ Nǐ huì zuò zhōngguócài, néng bu néng jiāojiao wǒ?

②不行不行，我也在学。 Bù xíng bù xíng, wǒ yě zài xué.

③我给你介绍一个教室吧。 Wǒ gěi nǐ jièshào yí ge jiàoshì ba.

④你能不能告诉我那个教室的地址？ Nǐ néng bu néng gàosu wǒ nàge jiàoshì de dìzhǐ?

⑤你想去青山还是（想去）横滨？ Nǐ xiǎng qù Qīngshān háishi (xiǎng qù) Héngbīn?

⑥青山比较近，我先去青山看看吧。

Qīngshān bǐjiào jìn, wǒ xiān qù Qīngshān kànkan ba.

⑦这是青山教室的网址。 Zhè shì Qīngshān jiàoshì de wǎngzhǐ.

⑧我想给你一个惊喜。 Wǒ xiǎng gěi nǐ yí ge jīngxǐ.

⑨他给朋友打电话。 Tā gěi péngyǒu dǎ diànhuà.

⑩她（说）汉语说得好不好？ Tā (shuō) Hànyǔ shuō de hǎo bu hǎo?

第12課

P. 155 学習のポイント1

1 ①你是什么时候去的？ Nǐ shì shénme shíhou qù de?

②你是和谁一起去的？ Nǐ shì hé shéi yìqǐ qù de?

③你是怎么来的？ Nǐ shì zěnme lái de?

2 ①我是坐地铁来的。 Wǒ shì zuò dìtiě lái de.

②我是从京都来的。 Wǒ shì cóng Jīngdū lái de.

P. 158 学習のポイント2

1 ①我要去中国留学。 Wǒ yào qù Zhōngguó liúxué.

②我下（个）星期要去美国出差。Wǒ xià (ge) xīngqī yào qù Měiguó chūchāi.

※"下（个）星期"は文頭に置いてもよい。

③我每天要写三行日记。Wǒ měitiān yào xiě sān háng rìjì.

※"每天"は文頭に置いてもよい。

2 ①你每天早上要看报。Nǐ měitiān zǎoshang yào kàn bào.

※"每天早上"は文頭に置いてもよい。

②你不要去公司。Nǐ bú yào qù gōngsī.

③我要一杯珍珠奶茶。Wǒ yào yì bēi zhēnzhū nǎichá.

P. 161 学習のポイント3

1 ①我也在学汉语。Wǒ yě zài xué Hànyǔ.

②他会说英语，还会说汉语。Tā huì shuō Yīngyǔ, hái huì shuō Hànyǔ.

③他们都是日本人。Tāmen dōu shì Rìběnrén.

2 ①我和他都学习汉语。Wǒ hé tā dōu xuéxí Hànyǔ.

②他为什么还没来？ Tā wèi shénme hái méi lái?

③插花非常有意思。Chāhuā fēicháng yǒu yìsi.

P. 162 第12課のふりかえり

①这是给你买的礼物。Zhè shì gěi nǐ mǎi de lǐwù.

②你太客气了！ Nǐ tài kèqi le!

③我去露营了，那儿的星星可漂亮了。

　　Wǒ qù lùyíng le, nàr de xīngxing kě piàoliang le.

④你是和谁一起去的？ Nǐ shì hé shéi yìqǐ qù de?

⑤我是和公司的同事一起去的。Wǒ shì hé gōngsī de tóngshì yìqǐ qù de.

⑥有机会咱们一起去吧。Yǒu jīhuì zánmen yìqǐ qù ba.

※"咱们"は"我们"でもよい。

⑦我一定要去那儿好好儿看看。Wǒ yídìng yào qù nàr hǎohāor kànkan.

⑧你是怎么来的？ Nǐ shì zěnme lái de?

⑨你是从哪儿来的？ Nǐ shì cóng nǎr lái de?

⑩下（个）星期我要去出差。Xià (ge) xīngqī wǒ yào qù chūchāi.

※"下（个）星期"は主語"我"の後に置いてもよい。

— 14 —

Memo